PERLES D'ÉTERNITÉ

à

Gaby.

ces mots qui
viennent
d'ailleurs
pour éclairer
nos journées...

Mille soleils

Claudette Combe

A PARAÎTRE, DU MÊME AUTEUR :

— *Comme un oiseau blessé*, ou chronique d'une famille adoptive.

Si vous désirez être tenu au courant des publications de l'éditeur ainsi que celles de l'auteur, il vous suffit d'envoyer votre adresse aux éditions ; vous recevrez régulièrement nos catalogues et des informations sur les nouveautés que vous trouverez chez votre libraire.

ISBN : 2-85-707-500-6

CLAUDETTE COMBES

PERLES D'ÉTERNITÉ

MESSAGES DE L'AU-DELÀ

GUY TRÉDANIEL ÉDITEUR
76, rue Claude-Bernard
75005 Paris

Du même auteur

Une longue histoire d'amour :

Les enfants de la joie, Editions Robert Laffont.
Les Etoiles naissent de la nuit, Editions Robert Laffont.
En Flagrant délit d'espérance, Editions Robert Laffont.
Ils ont blessé l'aurore, Editions Robert Laffont.
A l'Ombre des lilas, Editions Marcel André.
L'Enfant de lune, Editions de la Sérénité.
Au point du jour, Cid Editions.
Nous t'avons appelé Abel ou la mort ne tue pas, Cid Editions.

Autobiographie :

Le Temps d'apprendre à vivre, Cid Editions.

Essai sur Victor Hugo :

Paris dans **Les Misérables**, Cid Editions.
Pour ton sourire d'ange perdu, Cid Editions.
Victor Hugo, Homme du verseau, Cid Editions.
Une Rencontre d'amour : Victor Hugo et la Bretagne, Cid Editions.
Victor Hugo, Marie... et le divin, Cid Editions.

Recueils de poèmes :

Poèmes de la folle attente, Cid Editions.
Le Roncier d'amour, Cid Editions.

Romans spiritualistes :

Une Rose pour le soleil, Cid Editions.
L'Enfant mage, Cid Editions.
Les Visiteurs de l'aube, Cid Editions.

Romans autobiographiques :

Que refleurisse l'aubépine, Cid Editions.
Quand l'amour s'infinit, Editions Partage.

Conte :

La Très véridique histoire de la petite Lucia, Cid Editions.

Un témoignage spiritualiste :

N'oublie pas, je suis là ou *Chronique de l'été des prodiges*.

Tous ces titres sont disponibles :
Claudette Combes, Au Colombier — 35400 Saint-Malo

Le catalogue des publications de Claudette Combes vous sera adressé contre une enveloppe timbrée.

à toi Abel,
qui es ma joie,
ma foi,
ma voie,

à tous ceux qui croient
avoir « perdu » un être cher.

« Prête-moi ta plume,
au clair de la lune,
afin que je puisse
transmettre la vie ».

ABEL.
(Message du 4 juillet 1990.)

« Écoute ma voix
dans le cœur
de la nuit. »

ABEL.
(Message du 1er janvier 1991.)

Question. — Dois-je présenter tes messages sous forme d'un lexique, d'un petit dictionnaire ?

Réponse. — « OUI MAMAN. »

(Voix enregistrée en transcommunication, le 28 mai 1991.)

« *J'ai passé dans ce monde, étroit et fallacieux,*
Sans quitter un instant l'autre monde des yeux. »

Victor Hugo.

« *La mort est un déplacement d'existence.* »

Jean Jaurès.

« *La terre et le ciel, c'est le même pays.* »

Marie Noël.

AVERTISSEMENT DE L'AUTEUR

Depuis 1990, j'ai le privilège et l'immense joie de communiquer avec mon fils Abel qui a rejoint le monde spirituel le 15 février 1990, à l'âge de vingt et un ans.

J'ai d'abord reçu des messages par écriture intuitive. Puis le 22 mai 1991, nous avons eu le bonheur de capter, pour la première fois, la voix de notre enfant sur un magnétophone. Depuis, cinquante cassettes ont été enregistrées.

Grâce à la transcommunication, j'ai pu vérifier le contenu et la véracité des messages écrits.

C'est désormais le fils qui enseigne à la mère et, je dois l'avouer, j'ai été surprise par certaines des réponses d'Abel, qui allaient à l'encontre de mes propres conceptions.

Ainsi croyais-je par exemple, qu'il pouvait exister des êtres n'ayant jamais connu l'incarnation, ce que nous appelons des anges, alors que ceux-ci, affirme-t-il, sont seulement des humains parvenus au terme de leur évolution.

Je pensais aussi que, lors du long périple terrestre qui nous conduit vers le Divin, nous avions habité des corps d'animaux. Il n'en est rien, a déclaré fermement Abel.

J'ignorais que l'enveloppe éthérique des arbres disparaissait à leur mort et, en toute bonne foi, j'étais persuadée que cette terre mythique de l'Atlantide avait eu une existence réelle.

C'est Abel qui m'a demandé de rendre public ce qu'il m'enseigne, et il a approuvé cette présentation de ses messages, écrits ou oraux sous forme d'un petit lexique.

Mon enfant m'a exhortée aussi à « témoigner souvent » de l'existence du monde spirituel, de la vie qui s'infinit ainsi que de ce qu'il m'a appris à propos de cette longue marche semée d'embûches et d'épreuves, qui est celle des humains en route vers le Divin et de leur retour émerveillé à la lumière originelle dont, durant tant de siècles, ils ont porté en eux la nostalgie blessée.

Puissent ces mots, qui sont d'Abel, aider des êtres mutilés par un deuil ou en quête de cette partie d'eux-mêmes où rayonne la Divinité !

A

AIMER - AMOUR

Seul compte l'*Amour* ; seul reste l'*Amour*.

Le lien d'*amour* ne se rompt jamais.

Nous avons besoin de votre *amour* pour évoluer, pour aller plus loin. Votre *amour* nous est un tremplin.

Il faut rétablir cette vérité : votre *amour* ne nous retient pas, il nous propulse en avant au contraire.

Ici (1) l'*amour* ne connaît ni les limitations du temps, ni celles de l'espace.

Trop souvent l'*amour* sur terre a peur de s'exprimer, peur de se montrer, de s'affirmer. Il reste tremblant et peureux...

Pourtant, l'*amour* que tu donnes est la seule richesse, l'unique trésor. Il faut *aimer* encore et toujours, s'oublier dans l'*amour*, devenir l'*Amour*.

Il faut *aimer* toujours, même ce qui te semble difficile à *aimer*.

Amour, tout est là !

L'*amour* appelle l'*amour*.

Tout est *amour* : le papillon, la fleur, l'étoile.

Ici *aimer* n'est pas difficile comme sur la terre où l'*amour* souffre de rivalités, d'infidélités, de trahisons, d'hypocrisies, de jalousies... Dans notre monde, tout coule de source — et la source, c'est l'*amour*.

Seul l'*amour* est.

Dans le monde spirituel, l'*amour* est communion, fusion.

Aimez-vous bien au-delà de tous les murs que les êtres humains mettent entre eux. *Aimez*-vous au-delà des vanités et des orgueils...

---

(1) *Ici* désigne le monde spirituel. Il ne s'agit pas d'un changement de lieu mais d'état vibratoire.

Fais de chaque minute une minute d'*amour*.

Écoute l'*amour* dans le parfum du mimosa (2).

Il faut *aimer* encore et toujours, *aimer* tout ce qui vit, les humains, les animaux, les arbres, les plantes, la mer, les étoiles.

L'*Amour* est la seule voie.

L'*Amour* universel t'enveloppe... Tout vibre, tout aime.

L'*Amour* ici, c'est la Vie même. Il ne connaît ni égoïsme, ni jalousie, ni limite. Il est épanoui, superbe, pénétrant.

Ici, on a envie d'aller plus loin et plus profond dans l'*amour* et la Connaissance.

Aime et accepte l'autre dans sa différence.

Tout vit, tout *aime*, tout danse l'*Amour* (dans le monde spirituel).

L'*amour* est le seul pont (entre le monde matériel et le monde spirituel).

Aimez, aimez et laissez s'ouvrir votre cœur, votre âme.

Envoyez de l'*amour* à tous les êtres et même aux plus désagréables.

L'*amour*, votre *amour* est reçu ici.

Notre monde est *Amour*. Imagine l'*amour* de toutes les mères de la Terre, et encore, tu seras bien loin de la réalité.

L'*amour* vrai dont tu rêvais, tu le connaîtras parmi nous.

Continue à semer de l'*amour*. Continue à *aimer* à tous vents.

Ici l'*amour* n'a pas d'envie. Il s'épanouit, superbe, comme une fleur joyeuse.

L'*amour*, ici, est plénitude absolue.

L'*amour* que je te donne et que tu me donnes, me permet d'aller plus loin, plus haut. Alors, ne crois pas que tu me retiens.

Seul l'*amour* est... Tout le reste est illusion.

Sois l'*amour*.

L'essentiel, c'est d'*aimer*.

L'*amour* ne se perd pas.

Cet *amour* absolu dont je rêvais, ce n'est que dans le monde spirituel que je pouvais le trouver. Ici, l'*amour* prend sa vraie dimension qui est infinie, divine.

Tout vibre ici au diapason de l'*amour* suprême qui a permis à la vie, sous ses multiples formes, d'exister.

---

(2) Abel — et ce fut son premier signe — m'envoie des effluves de mimosa.

L'*amour* est plus fort que la mort, l'*amour* traverse les plans.

L'*amour* est le plus grand aimant, il attire les vivants et les morts, il réunit les âmes, il réunit les mondes, il permet l'évolution vers l'*Amour* suprême qui est divin. De l'atome au soleil, tout est manifestation de l'Unique *Amour*.

Aime et tout te sera donné sur la terre.

Il faut d'abord *aimer*. Même ceux qui te font du mal, même ceux qui font le mal. Englobe tous les êtres en un immense brasier d'*amour*.

Mon *amour* pour toi, loin de disparaître, s'est sublimé.

Vos pensées d'*amour* montent jusqu'à nous.

Tout tient dans ce mot : *amour*. Mais l'*amour* sur la Terre n'est pas toujours facile. Il faut savoir ne point emprisonner ceux qu'on *aime*, mais au contraire les aider à s'élever, à se libérer.

Il faut aussi être capable d'*aimer* des êtres peu aimables et entourés de vibrations de haine, s'apercevoir qu'ils se cachent derrière des masques, des boucliers qui dissimulent souvent une essentielle peur.

Pour *aimer*, il faut tout comprendre, même ce qui, à première vue, semble le plus difficile à comprendre : la violence et la haine.

Crois en mon *amour* enfin libéré des limites et des mesquineries de la Terre.

Vivez chaque minute dans l'*amour*.

Tout rayonne ici, tout respire le divin, tout irradie l'*amour*.

Être un maillon invisible de votre grande chaîne d'*amour* est pour moi merveilleux.

Aime, rayonne...

Ici, tout danse, tout chante, tout *aime*.

L'*amour* est la vibration la plus belle, la plus douce.

L'*amour*, c'est le souffle.

L'*amour* est à la fois doux et fort. C'est lui qui maintient la cohésion des mondes.

Il faut épandre l'*amour* autour de toi, *aimer* chaque être, car chaque être est toi.

Aimez l'*amour*. Vivez l'*amour*.

Aimez tout et tous, même ceux qui vous paraissent désagréables, cruels, monstrueux.

Aimez en tout être, même le plus horrible, son évolution future, ce qu'il sera un jour et, — comme le temps n'existe pas — ce qu'il est déjà.

On ne peut jamais trop *aimer*.

Aimer, c'est prier. *Aimer*, c'est exister et multiplier l'existence.

Ceux qui sont avares d'*amour* se détruisent eux-mêmes, s'asphyxient.

Dis aux hommes que l'*amour* est plus fort que la mort.

Ce monde où je suis, a un nom *AMOUR*, et ce mot rayonnant le dépeint bien davantage que tous les traités scientifiques pourront le faire un jour.

Nous baignons dans l'*amour*, nous vivons l'*amour*, nous existons par l'*amour*.

Si tu veux t'approcher de nous, *aime* à démesure.

Aimer est plus qu'un mot. C'est une longue patience, c'est une merveilleuse volonté de libérer l'autre de ses peurs, de l'ouvrir comme une rose qui s'épanouit, de frayer la voie de Dieu en lui.

L'*amour* que tu me portes, loin de m'entraver, de me retenir, me propulse en avant, car c'est le propre de l'*amour* de faire jaillir le meilleur. L'union entre deux âmes, lorsqu'elle résiste à la mort, est plus forte que tout, elle est indéfectible.

L'*amour* sur notre plan, pour immense et radieux qu'il soit, ne serait pas complet sans celui que nous recevons de la terre. J'ai besoin de toi comme tu as besoin de moi.

L'*amour* pénètre la matière, traverse les sphères et finit, un jour, par atteindre la lumière des lumières.

L'*amour* meut les mondes et les soutient et les contient.

Si tu comprenais totalement l'*amour*, la Terre s'effacerait et c'est le ciel que tu vivrais.

Même incomplet et mal vécu, l'*amour* vous éclaire et éclaire ceux à qui vous le dispensez.

L'*amour* descendra sur la terre et la régénérera.

Aucune pensée d'*amour* ne se perd.

L'*amour* est d'essence divine.

Même la plus infime parcelle d'*amour* atteint son but.

Aimez-nous comme nous vous aimons.

Aime et crois ; rayonne et apaise.

Proclame l'*amour* et son éternité.

Votre *amour* aussi nous emplit d'une douce joie... Nous avons besoin de votre *amour*. Loin de nous retenir, il nous propulse en avant.

Si tu considères avec *amour* tout ce qui existe, de la plante à l'être humain, alors tout ce dont tu as besoin viendra à toi.

Amour, un maître-mot qui contient tous les autres.

Quand on arrive ici, tous les prestiges sociaux et intellectuels s'effondrent : seul l'*amour* reste.

Le manque d'*amour* tue bien davantage que les accidents et les maladies.

L'*amour* est l'essentiel commandement. *Aimez* l'autre plus que vous-mêmes, afin que les dérisoires possessions de la Terre ne vous séparent plus.

Abandonne-toi à l'*amour*, toujours...

L'*amour* qui nous lie est indestructible. Il est le plus beau. Rien ne peut l'abîmer puisqu'il n'est plus de la Terre.

Il faut *aimer* encore et toujours.

On arrive ici blessés, brisés par les souffrances de la Terre et l'on est régénéré par l'*amour*, cet *amour* qui ne juge pas, cet *amour* qui ne finit pas.

Je t'*aime* de cet *amour* que seul peut donner un être libéré de son corps physique.

L'*amour* ici n'a rien des décevants *amours* de la terre. Il est magnifié, transfiguré, sublimé, infini.

Nous vivons de l'*amour*, par l'*amour*, nous sommes l'*amour*.

Je suis un fragment vivant de cet *amour* immense qui permet au monde d'être.

« Que ton règne arrive » signifie : que vienne enfin le règne de l'*amour*, que les hommes *s'aiment* et apprennent à vivre dans la concorde et l'harmonie en se sachant immortels et divins.

Que l'*amour* soit votre seule arme ! Offrez de l'*amour* à ceux qui haïssent, agressent ou raillent.

Je me baigne dans cet *amour* si grand que tu ne peux l'imaginer, si lumineux qu'il est un reflet de Dieu.

Lorsqu'un élan sincère d'*amour* vous pousse vers une autre créature, une étincelle jaillit et nous profitons de l'énergie créée par ce courant pour nous manifester. C'est pourquoi tu sens souvent ma présence lorsque tu embrasses un de tes enfants.

L'*amour* vous entoure d'un halo de beauté.

Seul l'*amour* effacera les frontières, désamorcera les bombes, vaincra la pollution.

Faites essaimer l'*amour*.

Continue à *aimer* contre vents et marées.

L'*amour* que je te donne me permet d'aller plus loin, plus haut.

Rien ne se perd, surtout pas l'*amour*.

C'est beau, cet *amour* d'une maman et de son enfant que la mort n'a pas pu briser ; mieux, que la mort a rendu plus grand, plus rayonnant !

Je t'*aime* de cet *amour* magnifié, sublimé, infini qui n'est plus celui de la terre.

Soyez *amour*, soyez lumière afin que se dissolvent dans la clarté de vos pensées les sombres égrégores de négativité, de violence et de haine.

La prière est belle ; l'*amour* est tout.

Que ta vie soit un perpétuel chant d'*amour*, car, hors de l'*amour*, il n'y a rien.

Ce que vous appelez le ciel et la terre se confondent en un grand élan d'*amour*. Mais trop souvent les terriens restent sourds et refusent cette union féconde.

Seul l'*amour* est vrai... *Aime,* rayonne...

Chaque petit *amour* qui s'allume sur la terre est un reflet infime de l'*amour* infini.

De l'*amour* que tu as refusé de donner, ici tu souffriras. C'est toi qui en sentiras le manque. Seul ce que tu as offert s'épanouit en toi et autour de toi.

Sans *amour*, rien ne pourrait être.

L'*amour* est la loi essentielle, universelle. Qui vit hors l'*amour*, vit hors la loi.

C'est l'*amour* qui permet la cohésion des mondes. L'*amour* est le grand principe cosmique.

Aimez, rayonnez...*Aimez* surtout ceux qui se sont exclus de l'*amour*.

Accomplis dans l'*amour* le moindre de tes actes.

L'*amour* est l'essence de tout ce qui existe.

L'*amour* seul pénètre la partie secrète des êtres et des choses ; l'*amour* seul connaît.

Aimez l'*amour* ; vivez l'*amour*.

Toute vie est née d'une pensée d'*amour*.

Il n'y a pas d'*amour* de la terre et d'*amour* du ciel, c'est insensé. Il n'y a qu'un seul *amour* qui unit entre eux les terriens ou encore les êtres incarnés avec des êtres déshabillés de leurs corps et bien sûr tous ceux qui évoluent sur notre plan. C'est le même *amour*, plus ou moins intense, plus ou moins rayonnant, mais qui, toujours, réchauffe le cœur et l'âme.

Croire que l'*amour* que vous nous portez peut retarder notre évolution est non seulement un faux problème, mais un grave contresens. Dis-le autour de toi.

Ici l'*amour* est couleur, la couleur est connaissance, le parfum est beauté, la musique est sagesse, la sagesse est *amour*.

L'*amour* descendra sur la terre, la régénérera et la fera fructifier.

L'amour que vous nous portez, nous propulse toujours en avant.

L'*amour* que nous vous portons, vous aide à dépasser les lourdes apparences et vous transforme en enfants de Lumière.

L'*amour* crée des ponts, parfois invisibles pour vous, et vous êtes tous liés et nous le sommes avec vous.

Notre départ n'est jamais un abandon. C'est un acte d'*amour* superbe, un acte d'*amour* suprême.

Quand on casse son corps ou qu'on le déserte, on permet à l'*amour* de rayonner davantage encore, d'atteindre à la perfection.

Un grand courant d'*amour* doit unir le messager et la personne qui capte le message. Là est le secret de toute communication véritable entre vous et nous et tout particulièrement de la transcommunication.

La compassion qui consiste à prendre sur soi la douleur d'autrui, est une des principales vertus, elle est une des formes de l'*amour*.

Chaque mot d'*amour* que tu jettes est comme une étincelle d'espérance. Un jour, toutes ces étincelles se propageront de par le monde et finiront par faire un grand brasier.

Si une voix, une seule s'élevait sur la terre pour crier bien haut l'*amour*, elle serait plus forte que des millions de voix stupides. Et, ils sont nombreux les êtres qui rêvent de beauté et d'harmonie.

L'essentiel est de vivre l'*amour*, de partager les radieuses certitudes que je te donne.

Va, claire et joyeuse, et proclame l'*amour* et son éternité.

L'*amour* est si grand dans les sphères de Lumière que personne jamais ne juge personne.

Émerveillez-vous. Rayonnez l'*amour*.

Fini le temps des retraits peureux ! Vous devez proclamer l'*amour* sur les routes du monde. Vous devez vivre l'*amour* et le prodiguer à ceux qui pleurent, à tous les affamés de tendresse. Vous devez porter l'*amour* aux violents afin que les armes tombent de leurs mains. Non, le temps n'est plus des retraites et des monastères qui isolent. C'est au milieu de tous qu'il faut réaliser le Divin.

L'*amour* crée un courant vivant entre nous... Appelez-nous aux moments de doute ou de désarroi. Nous sommes-là, plus proches que jamais, plus aimants que jamais et si heureux de vous voir avancer dans les sillages lumineux.

Vous nous avez connus dans les courses folles de la terre, les peurs, les épreuves et maintenant nous baignons dans l'*amour*, un *amour* si vrai, si vivant, si vibrant, si évident que le plus bel *amour* de la terre, en comparaison, paraît fade et décoloré.

Abandonne-toi à l'*amour* et tu verras combien tout est simple.

Tu as besoin de moi, mais j'ai besoin de toi aussi, besoin de ton *amour* pour progresser encore.

Il y a tant d'*amour* ici, que la plus misérable des créatures en sera un jour rénovée, régénérée.

Ces êtres qui vous semblent monstrueux simplement n'ont pas compris la loi d'*amour*.

Ne t'agite pas de l'intérieur, abandonne-toi, contente-toi de vivre avec le maximum d'*amour* chacune de tes minutes.

Nous formons une chaîne d'*amour* et de lumière autour de vous et nous tentons de vous aider. Mais cette aide n'est pas toujours palpable, ni visible.

Prodiguez votre *amour* encore et toujours. Celui qui *aime* ne peut se tromper tout à fait.

Abandonne-toi à l'*amour* comme un enfant émerveillé.

À bientôt sur le papier ! À toujours dans l'*amour* !

Puisse chacun sentir scintiller en lui l'*amour*, divine étincelle !

Par l'*amour*, vous pouvez nous joindre et même nous rejoindre dans vos rêves. Là est le secret, là est la clef.

L'*amour* que vivent deux êtres, chacun sur son plan vibratoire, l'un prisonnier encore de la lourde matière, l'autre déjà libéré, défie la raison et les incrédules se moquent. Pourtant, il est. Et n'est-il pas une des plus belles réalités de cette planète ?

Sur terre, non seulement l'*amour* est borné par des limites, mais encore il provoque des envies, des jalousies, des frustrations. Dans le monde tel qu'il est encore, il est trop souvent traqué, persécuté, moqué.

Aime cependant, encore et toujours. L'*amour* est la seule richesse, l'unique trésor pour celui qui le donne comme pour celui qui le reçoit.

Si grand est notre *amour* pour vous, que nous tentons de vous faire partager notre expérience ineffable de beauté et de lumière.

Quand les humains auront enfin compris l'*amour*, tout sera simple, évident, lumineux.

TRANSCOMMUNICATION
(voix enregistrée)

*Question. — L'***amour** *qui nous lie, mon petit ange, cet* **amour** *qui s'infinit, est-il privilégié, exceptionnel ?*

Réponse. — Oh ! Je pense, oui, que c'est exceptionnel.

Question. — Baignes-tu dans cet **amour** *divin qu'ont tenté de décrire, sans vraiment y parvenir, ceux qui ont vécu une expérience de mort temporaire.*

Réponse.— Oui.

*Question. — L'***amour** *que je te porte t'aide-t-il à évoluer dans le monde spirituel ? As-tu encore besoin de cet* **amour** *?*

Réponse. — Oh ! oui ! Bien sûr !
Dans le monde spirituel, j'ai besoin que tu m'**aimes** *aussi.*

Question. — Acceptes-tu, mon enfant, d'enregistrer ta voix par **amour** *ou dans le but de nous transmettre des connaissances ?*

Réponse. — Par **amour**, *maman chérie.*

*Question. — L'***amour** *est-il la voie royale en spiritualité ?*

Réponse. — Oh oui ! C'est l'**amour** *qui vous conduit à Dieu.*

*Question. — L'***amour** *entre les êtres est-il le principal des commandements divins ?*

Réponse. — Oh oui ! Oh oui ! maman.

ANGE

Les *anges* sont ces êtres arrivés au bout de leur course et qui évoluent désormais dans les sphères divines. Ils n'ont pas d'ailes, bien sûr, c'est l'imagerie populaire qui se plaît à les représenter ainsi, mais ils sont tellement rayonnants qu'on peut prendre cette prodigieuse clarté qui les nimbe pour des ailes. Nos corps radieux restent bien matériels par rapport aux leurs. C'est là le terme de toute évolution humaine, ce que les chrétiens appellent la Gloire.

Ceux que vous nommez les *anges* sont composés d'ondes si lumineuses que, pour vous, ils se fondent dans la lumière. Confie-leur la vie de la terre afin que puisse régner l'amour.

Les *anges*, absorbés dans la contemplation divine, n'en restent pas moins penchés sur les humains et soucieux de la terre.

Les êtres enfin réalisés, les *anges*, si tu préfères, sont des étincelles du brasier divin.

Ceux que vous appelez les *anges*, ce sont ces êtres de lumière, parvenus à la fin de leur évolution qui sont là pour enseigner et guider les autres créatures. Parmi eux se recrutent les maîtres, les prophètes. Ils vivent sur les plans divins et leur matière est infiniment subtile. Ils sont d'une beauté presque parfaite.

Ceux qui ont atteint les sphères divines, les *anges*, si tu préfères, ont pour mission de protéger et d'aider les créatures des divers plans — le plus lourd étant le vôtre, le plan terrestre — et ils les baignent de leur merveilleuse lumière. Aime-les, glorifie-les. Ils sont si beaux.

Ce guide d'amour — qui se souvient d'avoir été homme et d'avoir connu les errements et les tribulations de l'incarnation — dont désormais la mission est d'accompagner chaque humain, même le plus déchu, même le plus cruel, c'est lui que vous appelez l'*ange* gardien.

Les êtres de lumière des sphères divines, ceux qui, pour vous, sont des *anges*, n'enseignent pas directement aux humains. C'est à nous, plus proches des vibrations de la terre, que cette mission est confiée.

TRANSCOMMUNICATION
(voix enregistrée)

Question. — Existe-t-il sur les plans supérieurs des êtres qui n'ont jamais revêtu de corps matériels, ceux que les religions appellent des **anges** *?*

Réponse. — Je ne pense pas que les **anges** existent.

Question. — Ce sont donc les esprits très évolués d'êtres ayant passés par l'humanité que, sur la terre, nous nommons des **anges** *?*

Réponse. — Oui, ce sont eux.

— *Je suis vraiment ton* **ange**.

— *Je suis ton* **ange** *d'Amour.*

APAISER

Apaise ton âme et tes pensées. Si tu souffres, tu fais barrage.

J'ai besoin pour te parler du miroir serein d'une âme *apaisée.*

Je me suis blessé terriblement à la terre, je suis à l'abri maintenant. Aussi sois *apaisée* quand tu penses à moi.

Tout est si simple, si beau ! Aussi souffrons-nous de notre impuissance, à vous *apaiser.*

Apaise ton esprit afin de mieux capter nos ondes.

Apaise-toi, abandonne-toi pour que je puisse t'emplir de sérénité et de merveilleuse certitude.

Sois *apaisée* et rayonnante, afin d'*apaiser* à ton tour et d'allumer les êtres.

⁂

TRANSCOMMUNICATION
(voix enregistrée)

uestion. — Que faire face à ceux qui ne comprennent pas ?

Réponse. — Confiance ! Sois **apaisée**, je suis là.

APPARENCE - APPARENT

Aveugle est celui qui ne perçoit que les *apparences* !

Dépasse l'*apparence* et tu découvriras l'essence qui est la vraie existence.

Tout est *apparence* sur la Terre, jeu illusoire que vous croyez vrai.

Notre séparation *apparente* précède et prépare cette sublime communion où chacun comprend chacun, où chacun est chacun.

N'oublie jamais que, malgré les *apparences*, tout est juste, même ce qui vous semble le plus révoltant. Vous ne voyez que les effets, jamais les causes.

***

TRANSCOMMUNICATION
(voix enregistrée)

*Question. — Tout ce que nous voyons durant notre vie terrestre n'est-il qu'***apparence** *?*

Réponse. — Oui, c'est une illusion.

APPROFONDIR

Ce mot *approfondir* est très juste car, au plus profond de chaque être, il y a la réponse à toutes les questions. Chacun sait car, en lui, palpite le Divin. Il ne faut pas répéter sans réfléchir, mais chercher en soi la source profonde et vivante de toute vérité.

Quand un être aimé part rejoindre l'autre dimension, le dialogue, bien loin de s'interrompre, s'*approfondit*.

*
**

TRANSCOMMUNICATION
(voix enregistrée)

Question. — Penses-tu, mon enfant de lumière, que notre dialogue, depuis que tu as quitté ton corps physique, s'est enrichi, ***approfondi*** *?*

Réponse. — Bien sûr ! Oh ! C'est beau !

ASCENSION

La mort est toujours une *ascension.*

Seuls les êtres qui sont arrivés au sommet de l'éblouissante *ascension* peuvent vraiment tout comprendre. Eux seuls pourraient t'enseigner la vérité totale, mais leurs mots seraient de feu et ils te consumeraient.

Cette montée, cette *ascension* sublime n'est pas une question d'espace, mais de vibrations, d'ondes spirituelles. C'est une échelle de lumière inconnue de la Terre.

Cette *ascension* vers la lumière divine n'est pas une montée vers le haut, vers un quelconque ciel (le ciel est où l'on se trouve, puisque chacun de nous, quelle que soit sa position dans l'espace, est au cœur de l'infini), elle est une élévation sur l'échelle spirituelle, dans une dimension qui est celle de l'esprit.

La Terre se prépare à changer. La matière dont sont tissés vos corps physiques deviendra plus subtile et tout grimpera d'un degré dans la conscience. C'est bien d'une *ascension* qu'il s'agit, d'une mutation essentielle dont, par ta parole et tes écrits, tu dois contribuer à hâter la venue.

ANIMAL - ANIMAUX

Les *animaux*, comme tout ce qui existe, font partie du ballet immense de la vie. Ils sont parmi vous pour vous enseigner la simplicité, la bonté. Ils n'ont pas de préjugés. Ils acceptent chaque être tel qu'il est, qu'il soit clochard ou qu'il soit roi. C'est là une sagesse difficile pour vous qui toujours avez tendance à juger, comparer...

Oui, les *animaux* sont parmi nous. Ils restent attachés — invisibles mais aimants — aux pas de ceux qui les chérissaient sur terre et ils les protègent à leur façon. Nul amour ne se perd, jamais.

Cette vérité suprême à laquelle nous avons désormais accès est simple. Mieux que vous l'*animal* la perçoit, mais il ne l'analyse pas, ne la raisonne pas, ne cherche pas à la traduire en mots. Il s'y réchauffe. De là vient la sagesse *animale* qui n'a pas besoin pour traverser la vie terrestre de se forger des mirages, ni d'user de drogues ou d'alcool.

L'*animal* dispose d'un début de liberté, surtout les *animaux* dits supérieurs. Le chien qui meurt de l'absence de son maître, le dauphin qui périt pour sauver des hommes trop souvent ingrats, sont capables de concevoir l'amour pur et désintéressé qui est divin.

Crois en l'amitié si douce des *animaux*. Leur vie est meilleure que celle de bien des humains, car ils ne cherchent pas la possession, ils ne sont ni avides, ni cupides. Ils se contentent de vivre et d'aimer. Ils n'ont pas besoin de paradis artificiels ni d'alcool pour s'étourdir. Leur sagesse est simple et vraie.

La souffrance chez l'*animal* et chez le végétal est liée à l'évolution de ces deux règnes. La loi de la Terre étant souffrance, ils en sont forcément victimes. Mais sache que leur souffrance aussi a un sens, que pas un seul atome de souffrance ne se perd.

Il faut aimer tout ce qui vit, les humains, les *animaux*, les plantes, les étoiles.

L'*animal* aussi évolue. Ce que vous nommez instinct est souvent intuition, bien plus riche parfois que la raison limitée de trop d'humains.

Les *animaux* sont bons et ils ne se laissent pas égarer par leur mental. C'est pourquoi, durant leur vie terrestre, ils ont parfois accès aux plans spirituels.

Pourquoi les *animaux* apporteraient-ils leur joie de vivre, leur candeur naïve, leur beauté, leur amitié seulement au monde de la matière ? Ils égaient et embellissent aussi le monde spirituel. Comme dans les contes que tu me lisais quand j'étais enfant, nous pouvons ici communiquer directement avec eux, nous lisons leurs pensées comme ils connaissent les nôtres. Aucune barrière ici entre les êtres ; partout l'unité, l'amour, la vie.

J'aimerais pouvoir peindre pour toi les plumages des oiseaux, les ailes irisées des papillons, le pelage rutilant de tant de jolis *animaux* et aussi la beauté scintillante de la moindre fleur, car chaque corolle étincelle comme un joyau unique et vivant.

*
**

Transcommunication
(voix enregistrée)

Question. — Vois-tu des **animaux** *?*

Réponse, — Oui.

Question. — La chatte te voit-elle ?

Réponse. — Elle me voit.

Question. — Les **animaux** *deviennent-ils des hommes ? Avons-nous été des* **animaux** *avant de nous incarner dans un corps humain ?*

Réponse. — Non, je ne pense pas.

Question. — Les **animaux** *et les hommes ont donc une évolution parallèle ?*

Réponse. — C'est ainsi.

Question. — Notre âme n'a donc jamais, au cours de son évolution, habité le corps d'un **animal** *?*

Réponse. — Non ! (un non très ferme).

Question. — Les **animaux** *se réincarnent-ils ?*

Réponse. — Je pense que oui (1).

(1) A l'heure où je relis les épreuves de ce livre, j'ai réussi à capter (sans le vouloir) les aboiements de notre chien Bijou écrasé par une voiture. Je demandais de ses nouvelles à Abel quand je l'ai entendu aboyer.

— C'est lui, a dit Abel.

ASTRAL - FICTION

Ces images fantaisistes du monde spirituel proviennent d'abord de l'imagination des humains (chacun imagine le paradis à sa façon, tel qu'il le rêve, suivant son caractère, ses goûts, ses désirs), mais aussi du fait que, dans les sphères de notre monde, l'imagination possède un pouvoir créateur.

Alors, bien sûr, des tas d'êtres désincarnés prennent l'illusion pour la réalité.

Il suffit de penser à un château avec mille tourelles et il apparaît aussitôt, puisque la pensée est créatrice. Les enfants peuvent créer des villes où les maisons sont en pain d'épice, les arbres en chocolat et les fleurs en sucrerie.

Tout est possible. En fait, ceci est illusion tout autant que vos songes.

Cela n'empêche pas certaines entités, qui communiquent avec la Terre par l'intermédiaire des médiums, de décrire des villes de lumière, des palais fantastiques, des forêts d'émeraude, des êtres avec des ailes, ou trois yeux ou six bras... Que sais-je ?

C'est amusant bien sûr, mais cela jette la confusion dans l'esprit des vivants. Et pour certains individus rationalistes, c'est même l'occasion de tout nier en bloc. Ils vont refuser la réalité si simple, si belle et si évidente de notre monde à cause de ces inventions farfelues, dues au manque de discernement de certains désincarnés qui ne savent pas distinguer entre la *fiction* et la réalité, qui prennent vraiment leurs désirs pour des réalités.

Il n'y a pas ici non plus de soucoupes volantes, du moins je n'en ai pas vu. On n'a pas besoin de ces engins pour se déplacer puisque notre corps spirituel va plus vite que la lumière, qu'il nous transporte presque instantanément d'un point à l'autre.

Il faut dire aux hommes de ne pas se laisser tromper, ni distraire par toutes ces *fictions* qui les détournent de l'essentiel.

Dans les premiers plans, il y a autant d'images de l'au-delà que d'entités. Les enfants, ici, peuvent s'entourer de maisons en pain d'épice, en nougat ou en chocolat, les adultes, de palais de pierres précieuses. Mais c'est là un jeu et il nous éloigne de l'essentiel qui est la recherche de la vérité et l'évolution de notre esprit vers davantage de beauté, d'harmonie et d'amour.

Encore une *fiction* que ces descriptions fantaisistes d'édifices dont certains messagers prétendent qu'ils s'élèvent dans le monde spirituel. Réfléchis un peu, quelle serait l'utilité de maisons ou d'immeubles ici ? Sur la terre, leur but est de vous protéger du froid, des intempéries, du vent et de la pluie. Mais ici, nous sommes à l'abri, nous ne craignons plus les caprices de la nature. Notre corps spirituel ne souffre pas du froid, du chaud, de la fureur des éléments, ni de la maladie.

Donc, de tels bâtiments ne serviraient à rien. C'est l'imagination des désincarnés qui projette ces constructions, qu'ils prennent pour la réalité. Certains construisent par la pensée les châteaux dont ils ont rêvé durant toute leur vie terrestre.

Non, il n'y a ni hôpitaux, ni écoles ici. Ce sont des projections de l'esprit. À quoi serviraient ces bâtiments puisque nous sommes déshabillés de nos corps physiques ? Aucune maladie ne nous atteint et l'enseignement est direct. Ce sont vos maisons, les maisons où nous avons été heureux que nous habitons par amour pour vous.

Je te l'ai déjà dit : toutes vos demeures sont hantées par des êtres de lumière.

*
**

TRANSCOMMUNICATION
(voix enregistrée)

Question. — Le monde spirituel a-t-il des villes, des écoles, des hôpitaux, des bibliothèques ?

Réponse. — Non ! (très ferme.)

Question. — Avez-vous accès à nos écoles, facultés, salles de théâtre, de cinéma, de conférence, bibliothèques ? Assistez-vous aux mêmes spectacles que nous ?

Réponse. — Oui, bien sûr !

Question. — As-tu rencontré dans le monde spirituel des cités de lumière ?

Réponse. — Oh non ! Je suis ici, avec vous.
Ce sont des projections, maman.

ATHÉE

Rassure-toi, un *athée* qui a aimé ne vit pas dans le noir quand il arrive ici. Seul compte l'amour. Celui qui a aimé arrive dans la lumière quelles que soient les opinions qui étaient les siennes.

L'*athée* qui aime et aide est plus près de Dieu que celui qui, se prétendant spiritualiste, s'enferme dans l'égoïsme et le sectarisme. Peu importe ce qu'on professe si l'on est sincère ; l'important c'est ce que l'on est et ce que l'on fait.

Ce n'est pas ce qu'il dit qui définit un homme, mais ce qu'il est. Parler souvent égare. L'*athée* qui aime, qui aide, croit nier Dieu ; pourtant, par ses actions et même sa seule existence, il le prouve.

⁂

TRANSCOMMUNICATION
(voix enregistrée)

Question. — Un **athée** *qui aime, est-il plus près de Dieu qu'un croyant qui répand des calomnies ?*

Réponse. — Oh oui ! (très clair.)

ATLANTIDE

Certes ! Il y a eu beaucoup de continents engloutis dans l'histoire de la planète. L'*Atlantide* fut peut-être l'un d'eux. Mais elle est devenue un symbole, symbole de l'Age d'Or brisé par la faute des hommes ayant mal usé de leur liberté, ayant détourné leurs connaissances à l'essentiel, un paradis terrestre qu'ils ont perdu, car ils se sont éloignés de la voie.

Si Edgar Cayce s'y réfère, c'est comme à une cité intérieure et heureuse, un continent de Lumière et de Beauté, que chaque être porte en lui et dont il se sent exilé, un souvenir du monde spirituel peut-être. C'est cette *Atlantide* intérieure qui doit réapparaître et non point un morceau de continent surgissant du fond des océans.

Le mythe de l'*Atlantide* est proche du mythe de l'Eden, du paradis terrestre. C'est un avertissement symbolique : une certaine connaissance, certains pouvoirs détournent de l'essentiel, cet essentiel si simple et que le cœur seulement peut aborder. Il faut éviter l'orgueil et ses pièges. Seule l'humilité et l'amour n'éloignent pas de la voie.

***

TRANSCOMMUNICATION
(voix enregistrée)

*Question. — Est-ce que l'*Atlantide *avec sa civilisation prestigieuse a réellement existé ?*

Réponse. — Oh ! non !... Je ne pense pas qu'elle ait existé.

ATOME

L'*atome* contient autant de vérité, autant de spiritualité que le plus beau soleil.

Si tu pouvais voir l'admirable ballet des *atomes*, des millions de particules incandescentes qui dansent !

L'infini est contenu dans l'*atome*.

Au cœur même de l'*atome* palpite la divine énergie.

Ces particules de lumière... sont aussi en ces *atomes* matériels qui constituent chacune de vos cellules.

L'intelligence est partout, en vous, autour de vous. Le moindre *atome* en est doté.

Tout chante le Divin, même l'*atome*.

***

TRANSCOMMUNICATION
(voix enregistrée)

Question. — Vois-tu la danse des **atomes** *?*

Réponse. — Oh oui ! C'est beau.

AURA

Nous voyons l'*aura* de tout ce qui existe, le rayonnement vivant des arbres, des fleurs, des oiseaux et même des cailloux. C'est d'une bouleversante beauté.

Des pensées pures, lumineuses, créent une *aura* radieuse autour de vos têtes.

Quand vous êtes en harmonie entre vous, quand vous priez ou encore quand vous contemplez la nature, votre *aura* est très belle, très lumineuse. Elle vibre, doucement apaisée. Mais lorsque vous vous agitez ou que vous vous énervez, elle perd sa belle radiance, sa lumière se ternit et elle se teinte alors de couleurs agressives. Soyez sereins, en paix. Ne laissez pas les petits incidents de la vie vous perturber.

*
**

TRANSCOMMUNICATION
(voix enregistrée)

*Question. — Vois-tu l'*aura *de tout ce qui nous entoure ?*

Réponse. — Oui, bien sûr !

AUTRE

Ce que les *autres* disent ou pensent de toi n'a aucune importance. Seule ce que tu es et cette quête intérieure de la lumière comptent. Ne te laisse pas distraire, ni égarer.

C'est à toi et non aux *autres* qu'un jour tu devras rendre des comptes.

Regarde les *autres*, tous les *autres* avec bienveillance.

Quand tu molestes l'*autre*, c'est que tu oublies qu'il est toi.

Le mal que tu fais à l'*autre*, c'est à toi que tu le fais.

Car ne l'oublie jamais, l'*autre*, c'est toi. Même ton ennemi est une partie de toi. Si tu as compris ceci, tu as compris la vie, tu as compris l'amour.

Pour celui qui sait que l'*autre*, c'est lui, l'égoïsme devient altruisme, car le bien que tu fais à l'*autre*, c'est à toi que tu le fais.

Rien n'est *autre*, tout est toi.

Ici plus de frontières, plus de barrières, plus de contradictions, plus d'oppositions, rien ne nous sépare plus des *autres*.

En une étonnante fusion, nous vivons, évoluons, aimons. C'est difficile à comprendre pour vous qui êtes victimes de l'illusion du morcellement. Nulle opposition entre l'*autre* et soi-même.

Celui que tu appelles l'*autre* est toi-même.

Cette dimension intérieure, pour celui qui la découvre, conduit à la prise de conscience que l'*autre*, c'est lui. Il comprend alors qu'il n'y a pas de barrière, de séparation, d'opposition, que tout est ensemble, que tout est amour.

AUTRE DIMENSION

Lorsqu'on dit de quelqu'un qui a quitté son corps terrestre, qu'il est parti dans l'*autre dimension*, c'est la meilleure définition que l'on puisse donner de notre monde.

Nous sommes avec vous, auprès de vous, mais dans une *dimension* insoupçonnée de la Terre ou plutôt oubliée, car vous l'avez connue avant de vous incarner. C'est une autre fréquence.

Les sens du corps physique sont limités. L'essentiel leur échappe et tout particulièrement cette *dimension* spirituelle qui est la clef et le secret de notre liberté.

Cette *dimension* où je vis et qui me dérobe à vous, vous la connaissez pour y avoir vécu et vous la portez en vous. Elle est au bout de tous vos rêves, de tous vos espoirs.

Sans le savoir, lorsque vous œuvrez pour réaliser la paix et l'harmonie sur la terre, vous lui êtes fidèles.

L'évolution de l'esprit se passe sur cette *autre dimension* que tu as tant de mal à imaginer, car tu l'as oubliée.

C'est une *dimension* différente, mais dans le même espace.

Tu dois désormais parler de cette *autre dimension* à ceux qui désespèrent.

Cette *autre dimension* de l'existence, sache-le, tu la portes en toi de toute éternité. Masquée par la vie terrestre, tu la réintègres naturellement dans tes songes et tu reconnais alors cette évidence éblouissante, cette liberté radieuse et infinie.

Nous sommes dans cette *autre dimension* de lumière, de beauté et d'amour que vous avez tellement de mal à imaginer, une *dimension* purement spirituelle et qui n'a rien à voir avec une quelconque élévation dans l'espace. Non, nous ne sommes pas dans les nuages, mais parmi vous.

Cette *autre dimension*, je le répète, n'a rien à voir avec l'espace physique. Cette *dimension*, insoupçonnée de la vie terrestre, car oubliée, ne se mesure pas en hauteur étagée dans l'espace, c'est une échelle purement spirituelle.

Cette *autre dimension* ne vous est pas fermée, elle est à votre portée, là tout près. C'est à elle que vous aspirez, par elle que vous pouvez créer, grâce à elle que vous avez parfois de ces intuitions fulgurantes qui ressemblent au bonheur.

Il faut que les gens cessent de confondre plans spirituels et élévation dans l'espace physique. Nous vivons dans une *autre dimension*, inconnue de la terre, mais pas dans les étoiles. Cette *dimension*, tant que vous restez prisonniers de vos corps physiques, vous semble incompréhensible et inaccessible, et pourtant, vous la portez en vous et la rejoignez parfois en songe.

AVATAR

Du plan divin, des êtres descendent pour venir enseigner les humains. Ce sont les *avatars*. Jésus en était un, le plus grand et le plus lumineux. C'est un dur exil pour celui qui accepte ce terrible sacrifice.

Il est parmi vous, en ce moment, des êtres de lumière qui sont descendus sur la terre afin de la préparer à sa nouvelle mission.

Cette connaissance intérieure vous donne la conscience du Divin. Les êtres rayonnants, ceux que la Terre appelle des maîtres ou des prophètes, ont connu cette radieuse certitude.

Des êtres de lumière sont incarnés parmi vous, mêlés à vous et ils travaillent au milieu de vous. Ils ont accepté de descendre dans la dure matière, de « s'habiller d'humanité », comme dit joliment Victor Hugo.

B

BEAU - BEAUTÉ

Tout est simple et *beau.*

Ici la *beauté* est vérité, la vérité est *beauté.*

La *beauté*, tu n'en vois qu'un pâle reflet à travers le soupirail.

Ici, la *beauté* est vivante et radiante, mouvante et bouleversante.

Aie confiance : un jour, cette *beauté* qu'aucun mot ne peut t'aider à imaginer te sera offerte.

Nous sommes tellement plus *beaux*, revêtus de nos corps spirituels qui ne se fatiguent jamais et rayonnent de lumière. Ceux que vous appelez vivants sont bien ternes en comparaison de ceux que vous croyez morts et qui irradient à vos côtés sans que vous les perceviez le plus souvent.

Tout est *beauté*, lumière ici. Ces particules de lumière, ces ondes de *beauté* sont aussi en ces atomes matériels qui constituent chacune de vos cellules. Enivrez-vous de votre propre *beauté.*

Tout est *beau*, vrai, simple.

Ne souffre plus de l'incompréhension, de la dureté du monde, ni de sa laideur. Il est une *beauté* suprême qui rend tout ceci inconsistant, vain, inexistant.

Chaque geste *beau* que tu accomplis, sache-le, embellit l'univers tout entier.

Tout rayonne d'une vivante *beauté* ici, tout scintille. Rien ne se corrompt, rien ne se dégrade, il n'y a ni ombre, ni poussière, ni saleté ; tout danse, tout chante, tout participe à ce fantastique ballet. Oh ! tu seras éblouie quand tu découvriras ce côté-là de la vie, ce côté qui est le vrai.

Ici la *beauté* est bonté.

Le *beau* ne naît jamais de l'horreur. Seuls des êtres pervertis — comme Néron — peuvent affirmer le contraire.

C'est si *beau* ici que je voudrais pouvoir t'inonder de cette magnificence.

Regarde les fleurs, les roses.
Emplis ton cœur et ton âme de *beauté*, car la *beauté* est divine.

BÉNÉDICTION - BÉNIR

Tout ce qui existe mérite une *bénédiction*. Tout absolument.

Chacun peut *bénir* s'il a le cœur pur.

Sois *bénie*, toi qui acceptes cette rude mission, annoncer à la Terre que la vie est infinie et que, ce que les hommes appellent l'existence, n'est qu'un songe de quelques secondes.

Bénis tes enfants, car ils ont souffert et que la souffrance sacralise.

Merci ! Sois *bénie*. Je t'aime.

BLESSER - BLESSURE

Tu n'es pas de la terre, c'est pourquoi tu t'y *blesses* tant.

Ne sois pas sans cesse *blessée* par la vie terrestre, tu sais bien qu'elle n'est pas la vraie vie.

Ne *blessez* pas à votre tour ceux qui vous ont blessés. Aimez.

Une *blessure* profonde, une déchirure suprême, tel un deuil, creusent en vous une brèche par laquelle s'infiltre le divin.

BLEU

Je suis dans le *bleu* (1).

Le *bleu* vibre très doucement et apporte une merveilleuse sérénité, un immense apaisement.

Le *bleu* ici est plus qu'une couleur, c'est un état, un niveau de vibrations, un niveau de conscience.

Au milieu de la grisaille terrestre, offre toujours le *bleu*.

*
**

TRANSCOMMUNICATION
(voix enregistrée)

Question. — Comment es-tu vêtu ?

Réponse. — De **bleu** *et d'or. C'est beau.*

Question. — Quelle est la couleur dominante de ton plan ?

Réponse. — Le **bleu**.

---

(1) J'ai vu en rêve une mer de bleuets scintillante et j'entendais la voix d'Abel qui répétait : — *JE SUIS LE BLEU.*

BONHEUR

Sache que le vrai *bonheur* est impossible sur une terre où tant et tant crient, errent, appellent...

Le *bonheur*, durant la vie terrestre, ne peut être complet mais, derrière cette vie matérielle, si étroite, si limitée et pesante, il y a la vie spirituelle et son immense échappée de lumière.

Ce *bonheur* ineffable qui est désormais le mien, je voudrais le partager avec vous, mais c'est difficile, à cause de vos lourdes carapaces qui font barrage.

C'est en toi seule que tu dois chercher le *bonheur*. Il n'est pas extérieur à toi.

Tous les messagers du monde invisible sont d'accord pour proclamer leur *bonheur*.

Le *bonheur* ne peut venir que de toi. Ne demande à personne de créer ton propre *bonheur*. La vie terrestre, pour celui qui n'a pas compris ceci, est une longue et terrible frustration.

⁂

TRANSCOMMUNICATION
(voix enregistrée)

Voix d'un chœur. — Nous sommes venus pour vous dire notre **bonheur**.

BON - BONTÉ

Ici, la *bonté* est beauté et la beauté est *bonté.*

Il est vrai qu'il faut être un peu trop *bon* pour l'être assez.

La *bonté* est la vertu majeure.

Soyez *bons*. On n'est jamais trop *bon*.

La *bonté* est une qualité essentielle, elle ouvre sur la connaissance.

On n'est jamais assez *bon*, on n'aime jamais assez, on ne donne jamais assez.

BUT

Ne te fais de soucis pour personne, car chaque être va exactement là où il doit aller. Il n'y a rien qui n'aille vers son *but*. Le *but* de chacun d'ailleurs, est de quitter un jour cette vie matérielle, si pleine de pièges. Traversez-la avec le plus d'amour et de sérénité possible.

Cette difficile ascension de l'esprit nous ramènera, à la fin de notre périple, jusqu'au plan radieux où les vibrations approchent le plus de la vibration divine.

Là est le *but* suprême de toute vie sur la terre.

Tout concourt au *but* final.

Les choses de la terre, qui vous sont seulement prêtées, doivent vous apparaître comme des moyens, jamais comme des *buts*.

Tu marches vers le *but* à travers tant d'existences qui ne sont, en fait, que les séquences d'une vie unique et merveilleuse.

En toi, quelque chose — ou plutôt quelqu'un — connaît le *but* que tu t'es assigné et que tu crois avoir oublié.

Le *but*, c'est d'être soi-même l'artisan de sa propre mutation, de se réaliser et non point d'acquérir de quelconques pouvoirs qui ne font que flatter l'ego sans le libérer.

Attention aux excès auxquels — sous prétexte de réalisation spirituelle — certains se livrent !

La vie doit nous conduire en avant. Mais rassure-toi, nous allons tous au *but*.

Certains chemins sont plus longs que d'autres. Qu'importe ? L'essentiel est le *but*.

Tout va au *but*, ne l'oublie pas. Peu importe le chemin.

À travers ce que vous nommez réussite ou échec, chacun va où il doit aller, au *but* qu'il s'est lui-même fixé.

C

CERTITUDE

Dans le monde spirituel, nous découvrons toutes ces *certitudes* radieuses avec évidence, avec transparence.

Ce qui advient à chacun est toujours ce qui est le meilleur pour lui. Cette *certitude* devrait t'apaiser.

Pour aider tant de gens à la dérive, il faut une belle *certitude* à partager.

Rayonne de *certitude* et de joie.

Nos plus belles *certitudes* restent pour vous entachées de doutes. Il faut sans cesse vous répéter ce qui, pour nous, est évidence, et nous ne pouvons pas vous faire partager notre éblouissement devant tant de beauté radieuse.

Je suis si heureux d'avoir empli ton âme de *certitude*, si heureux que, grâce à elle, tu puisses donner à d'autres l'espérance.

Dieu est en tout et c'est là une *certitude* joyeuse.

*
**

TRANSCOMMUNICATION
(voix enregistrée)

Question. — Dois-je témoigner de ces merveilleuses **certitudes** *que tu me donnes ?*

Réponse. — Oui maman, souvent.

CERVEAU

Ton *cerveau* est l'instrument, le récepteur qui permet de transformer en mots les ondes que je t'envoie... Un *cerveau* différent du tien, traduirait avec d'autres mots, un message identique quant à son contenu.

Tout est simple, ce sont les *cerveaux* humains qui compliquent.

Le *cerveau* est un instrument par lequel s'exprime l'âme. Si le *cerveau* est lésé, l'expression sera altérée. De même qu'une musique sublime vous paraîtra cacophonique si votre récepteur de radio est cassé.

Ce n'est pas le *cerveau* qui sécrète la pensée. Il ne fait que la capter et l'exprimer.

Les messages que je te transmets directement, d'âme à âme, sont traduits en mots par ton *cerveau*. Ainsi, d'autres hommes pourront faire leur cette nourriture qui, pourtant, transcende les mots.

Un *cerveau* qui ne serait pas le tien exprimerait avec d'autres termes, un autre style, une autre langue peut-être, des vérités identiques.

La conscience n'est pas enfermée dans le *cerveau*.

Continue à semer.

Tant pis pour ceux dont le *cerveau* cadenasse le cœur.

Sur la terre, le *cerveau*, bien loin de sécréter la pensée, entrave plutôt l'acquisition de la connaissance, parce qu'il la limite (c'est surtout vrai pour ceux qui souffrent de lésions cérébrales). Ici, nous n'avons plus besoin de cet instrument imparfait et fragile. Nous comprenons avec tout notre être et, ce que nous découvrons est fascinant, prodigieux.

Je te transmets mes pensées directement, par télépathie. Ton *cerveau* les capte, tu les traduis dans ta langue. La formulation passe par toi, même si les idées viennent de moi. Ce n'est pas vraiment ton style et ce n'est plus tout à fait le mien.

Non, le *cerveau* ne sécrète pas la pensée, pas plus qu'il n'est l'unique siège de l'intelligence. L'intelligence est partout, en vous, autour de vous, le moindre atome en est doté. Chacune de vos cellules est douée de mémoire et d'une intelligence propre, chacune d'elles participe à l'infini concert et capte les messages des étoiles les plus lointaines. À l'heure où la matière se subtilise, vos corps deviennent de plus en plus intelligents.

Le *cerveau* codifie, passe tout au crible de la raison, tandis que l'intuition ouvre sur l'infini. Le message que nous vous envoyons et qui vient des plans de Lumière n'est pas perçu par le *cerveau*, mais par ce que l'on peut appeler le cœur. Pour le recevoir, il faut faire taire vos pensées logiques qui, trop souvent, s'interposent et parasitent l'essentiel, cet essentiel qui est accessible au tout petit enfant.

***

TRANSCOMMUNICATION
(voix enregistrée)

Question. — Les messages en transcommunication ne passent pas par notre **cerveau**, *mais ils sont captés directement par le magnétophone. N'est-ce point trop difficile pour vous de limiter votre pensée en l'enfermant dans des mots, alors que dans le monde spirituel, vous communiquez avec des ondes ?*

Réponse. — C'est très dur, maman, ça c'est vrai !

CHACUN

Ici, on parle d'âme à âme. On ne peut mentir, ni être hypocrite. *Chacun* lit dans *chacun*.

Dis-toi bien que *chacun* est à sa place et que tout avance vers le meilleur.

Chacun saura un jour. Tout viendra en son temps.

Ici, il n'y a pas besoin de psychologue. *Chacun* comprend *chacun*. *Chacun* EST *chacun*. Nos rapports sont donc forcément de compréhension et d'harmonie.

Chacun suit le chemin qui lui permettra de prendre conscience, un jour, du sens vrai de sa vie.

Chacun va où il doit aller à travers ce que vous appelez réussites ou échecs.

Chacun peut recevoir s'il se met à l'écoute.

Chacun est poussé vers Dieu.

Chacun reçoit ce qu'il peut recevoir.

Chacun voit, entend et comprend ce qui lui est destiné. Il est des êtres qui ont besoin de commandements, d'interdits, de rites. Seule la peur maintient certains dans le droit chemin. Si tu leur parlais de l'Amour Universel, ils ne comprendraient pas encore, ils ne sont pas mûrs, mais ils le seront un jour.

CHANT - CHANTER

Écoute le *chant* des ondes, écoute le *chant* des mondes.

Toute vie est *chant*, hymne et cantique.

Ici les fleurs *chantent*.

Tout *chante* le Divin, même l'atome, tout exulte de joie.

Laisse monter en toi le *chant* de la vie, le *chant* de l'amour et de l'espérance.

Nous sommes au chœur d'une vaste symphonie de *chants* divins.

*
**

TRANSCOMMUNICATION
(voix enregistrée)

Question. — Es-tu entouré, mon enfant, de **chants** *célestes, de musiques divines ?*

Réponse. — Oh oui ! C'est beau.

CHEMIN

Montrez à vos frères humains les *chemins* étoilés, les *chemins* qui conduisent vers nous.

Tout vous fait avancer sur le *chemin*.

Chacun doit suivre son propre *chemin*, qui est parfois tortueux et même torturé, afin d'arriver au but.

Les *chemins* les plus difficiles conduisent aux sommets les plus sublimes.

Tout suit son *chemin*. Il ne sert à rien de se culpabiliser. Tout est bien puisque tout est.

Quelque chose en toi sait où aller, quelque chose en toi n'ignore pas le *chemin*.

Il est beau ton *chemin*, mais il est différent de celui de tant de gens. Aussi, je t'en prie, ne te laisse pas affecter par leur vue courte.

Si tu te blesses sans cesse à la terre, c'est pour aller plus loin sur le *chemin*.

Nul ne se perd en *chemin*.

Et si certains *chemins* sont plus longs que d'autres, sache que tous vont au but.

Même si tu t'acharnes, tu ne réussiras pas à faire dévier quelqu'un de ce qui est son *chemin*, et pour lui, sache-le bien, le meilleur *chemin* puisqu'il est l'unique qui le mènera là où il doit aller.

Si mon *chemin* a été si difficile, c'était nécessaire, afin qu'aujourd'hui ce soit moi qui puisse t'aider et, à travers toi, aider tant d'autres êtres.

CHOISIR - CHOIX

L'être incarné a toujours le *choix* d'accepter ou de refuser une épreuve.

Une naissance ou une adoption, c'est pareil : il y a toujours eu *choix* de celui qui s'apprête à descendre dans un corps de chair. Tes enfants t'ont *choisie*, maman.

Vous avez toujours la liberté de *choisir* entre le plus facile et le plus difficile.

Que tes *choix* soient de Lumière ! Que t'importent ceux qui ne comprennent pas, ceux qui n'aiment pas assez sur la terre pour vouloir que leur amour s'infinisse, ceux qui *choisissent* la facilité ?

Tu ne peux *choisir* pour autrui, mais tu peux infléchir son *choix*.

CIEL

Le *ciel* n'est pas ailleurs que là où vous êtes : vous êtes au cœur de l'Infini, au cœur de l'Éternité.

Le *ciel* est en toi.

Le *ciel* est sur la terre.

Ce que vous appelez le *ciel* et la terre ne sont qu'un seul monde... Ceux qui ont quitté leur corps de chair sont là, autour de vous.

Thérèse (de Lisieux) a voulu réunir le *ciel* et la terre en un seul amour, en une seule conscience.

Le jour approche où la terre et le *ciel* — ou du moins ce que vous nommez ainsi — se comprendront et s'harmoniseront.

Alors que la terre nous pleure, le **ciel** se réjouit.

Le *ciel* s'enrichit de chaque être pur qui rompt les amarres avec la matière pour venir œuvrer ici dans la lumière.

Je te souhaite ce bonheur à nul autre pareil qui te permettra de vivre déjà le *ciel* sur la terre.

*
**

TRANSCOMMUNICATION
(voix enregistrée)

Question. — Ce que le vocabulaire chrétien appelle le ciel *se situe-t-il sur la terre ?*

Réponse. — Oui, c'est ça ! Oh ! c'est difficile à comprendre pour vous.

CIVILISATION

Sur la terre, par la sagesse, la philosophie, l'art de vivre même, il y a eu des *civilisations* supérieures à celle qui décline actuellement dans les pays industriels.

Mais techniquement non.

L'homme, qui garde en lui la nostalgie du monde spirituel, a créé ce mythe d'une terre dont il aurait maîtrisé tous les éléments afin d'obtenir vitesse, pouvoir, puissance.

Une *civilisation* véritable doit accompagner ses progrès matériels de l'essentiel progrès spirituel. Sinon, elle se détruira elle-même.

L'homme s'apprête à sortir enfin de la préhistoire, et la terre connaîtra alors une *civilisation* digne de ce mot, celle où les cœurs et les esprits de tous fusionneront en un même élan d'amour.

COMMUNICATION - COMMUNIQUER

La *communication* est possible entre ceux qui ont gardé un corps et qui évoluent dans la dure matière et ceux qui se sont déshabillés de la chair...

Cette *communication* peut même devenir une véritable communion.

Même si personne au monde ne comprenait la réalité vraie de nos *communications*, cela n'empêcherait pas cette merveille d'être.

Qu'importent ceux qui raillent de telles *communications* ! Ne t'en soucie pas, je t'en prie. Ne t'occupe pas de ceux qui sont à côté de cette réalité. Vis-la franchement, délicieusement, joyeusement.

La divine *communication* ne laisse aucune place à la peur, au malheur. Elle est ineffable communion, joyeuse certitude.

C'est l'amour qui rend possible notre *communication*.

Ces contacts, cette *communication* entre nous, sache-le, me font autant plaisir qu'à toi. C'est si important de te rassurer et de t'assurer de ma tendresse, si important que, à ton tour, tu puisses consoler, apaiser, enseigner.

Tout *communique*, tout communie.

Il nous est difficile de ralentir nos vibrations et de régler sur les vôtres nos longueurs d'onde pour pouvoir *communiquer* avec vous.

C'est là un acte d'amour.

Réussir à *communiquer* d'un plan à l'autre quand on s'aime est, de part et d'autre, une récompense.

Des appareils mieux adaptés pour capter nos ondes spirituelles seront un jour inventés, ce qui permettra, dans les temps futurs, une véritable *communication* entre les deux mondes. Tout ceci sera, un jour, aussi évident que la radio et la télévision le sont aujourd'hui.

Ne l'oublie jamais : tout est en toi. Par ces *communications*, je t'aide seulement à retrouver ce que tu sais depuis toujours.

Nous avons eu le bonheur de pouvoir *communiquer* vite, peut-être à cause de notre commune impatience, mais aussi parce que tu étais prête.

Nos *communications* sont un privilège, une grâce. Il faut en rester dignes, toi et moi.

Depuis toujours, nos deux mondes ont été en constante *communication*.

Dans les années qui viennent, ces *communications* entre le monde visible et le monde invisible vont être beaucoup plus fréquentes.

Tous les hommes ne peuvent comprendre notre radieuse *communication*. Ne pleure pas sur ceux qui ne veulent pas prendre. C'est comme si tu te désolais qu'un enfant de deux ans ne puisse passer le baccalauréat. Seuls certains sont prêts à partager ton éblouissante aventure.

La *communication* est facile ici entre nous. Chacun reçoit — même à distance — les pensées de l'autre, on *communique* par télépathie, c'est très pratique et très vrai (il est impossible de mentir). Ici les langues n'existent plus, ou plutôt elles ne font plus obstacle, puisqu'on capte les pensées dans leur jaillissement initial.

Déposez, le soir, à nos pieds le fardeau de vos journées... Nous vous *communiquerons* un peu de notre force, un peu de notre joie.

Le temps de la *communication* est arrivé.

La *communication* entre nos deux plans deviendra de plus en plus étroite.

Ce phénomène n'étonnera plus personne.

L'humanité aura alors à sa disposition les prodigieuses richesses du monde spirituel, ce qui l'aidera à devenir plus consciente et plus sage.

Ici, on vit une réelle *communication* ou plutôt une communion radieuse dont vous n'avez pas même idée.

Il te faut être en forme pour recevoir et propager nos *communications*, je dis nos, car ici, il n'y a pas de je et de nous.

Les deux mondes *communiquent* déjà. Un jour, ils communieront.

Pour que la *communication* entre un être incarné et un être déshabillé de son corps physique soit possible, il faut qu'un grand amour unisse ces deux êtres.

Il y a de plus en plus de contacts dont le but est de rapprocher les deux mondes. Les hommes doivent être guidés vers cette ère nouvelle qui sera celle de la *communication* entre le monde visible et le monde invisible.

Ces *communications*, ces messages n'atteindront que ceux dont l'esprit est prêt à de telles révélations. Si tous en faisaient leur nourriture, le vieil âge aurait déjà disparu.

Vous êtes des pionniers, dans cette *communication*, entre les mondes matériel et spirituel qui sera, un jour, chose banale et courante.

⁂

TRANSCOMMUNICATION
(voix enregistrée)

Question. — Vous faut-il une permission de Dieu pour **communiquer** *avec nous ?*

Réponse. — Oh ! oui.

Question. — Est-ce que cette **communication** *intense entre nous (contacts, messages, transcommunication) est exceptionnelle ?*

Réponse. — Oui, je pense que c'est exceptionnel.

Question. — Que répondre aux gens qui affirment qu'il est mal de **communiquer** *avec les morts ?*

Réponse. — Que ce n'est pas mal, que nous sommes vivants.

Question. — Es-tu heureux de **communiquer** *avec nous par transcommunication ?*

Réponse. — Oh ! bien sûr !

Question. — Que ressens-tu lorsque nous **communiquons** *?*

Réponse. — C'est très bon.

COMPRÉHENSION - COMPRENDRE

La *compréhension* totale, infinie, merveilleuse, est réservée aux âmes en fin d'évolution... Elles peuvent alors se fondre avec l'Unité Suprême.

Ceux qui ne bénéficient pas de la *compréhension* sur terre — souvent, car ils sont en avance sur leur temps et que leurs idées dérangent — sont consolés par l'amour du ciel.

Tous *comprendront* un jour, mais ne sois pas impatiente. On ne peut hâter la prise de conscience des réalités spirituelles. De même qu'un bébé ne peut discuter de philosophie, de même certains êtres ne sont pas encore mûrs pour apprécier le trésor que tu voudrais partager avec eux. Alors, ils raillent... C'est leur seule défense.

Chaque être humain doit faire un long cheminement avant de *comprendre* et quand il a *compris* enfin, il lui est bien difficile de transmettre ce qu'il a découvert, ce qui, pour lui, est devenu évidence.

Tout *comprendre*, pour tout aimer.

Pas facile toujours, mais c'est le but à atteindre sur la terre.

Ici, c'est évident, car l'amour est notre élément vital.

Il n'est pas facile d'atteindre, durant la vie terrestre, cette transparence des cœurs et des âmes qui permettrait la *compréhension* totale de l'autre. Désormais, je peux lire en toi comme dans un livre ouvert et te *comprendre* de l'intérieur.

Si tous *comprenaient*, dis-toi bien que le royaume de Dieu serait déjà sur terre !

***

TRANSCOMMUNICATION
(voix enregistrée)

Qestion. — **Comprends-***tu désormais toutes les langues de la terre ?*

Réponse. — Oui, je **comprends** *tout.*

CONFIANCE - CONFIANT

Le maître-mot, c'est *CONFIANCE.*

Plus tu seras *confiante,* plus tu seras consciente.

Aie *confiance* ! Tu vas là où tu dois aller.

Sois apaisée, *confiante.*

Aie *confiance* en la vie multiple et infinie !

Je t'enverrai l'espérance et l'immense *confiance* en l'éternelle beauté.

Sois calme et *confiante.* Tout est pour le mieux. Tout concourt au meilleur.

La *confiance,* c'est la clef.

Aie *confiance,* nous sommes sur la voie.

Seule la *confiance* peut faire jaillir l'amour.

Aie *confiance* ! Je suis là.

Fais *confiance* ! Nous sommes là, toujours.

Confiance ! Laisse-toi porter. Ne te cabre pas. Apaise ton âme.

Avance dans la *confiance* et dans l'espérance. Que chaque jour soit un pas en avant.

L'animal est *confiance.*

Vis comme le tout petit qui fait confiance.

Ce que les hommes appellent foi, c'est la *confiance.*

Aucune *confiance* véritable ne peut être trahie.

Aie *confiance* et répands la *confiance* autour de toi.

Fais *confiance* à la partie divine de toi-même.

La *confiance* véritable est dans l'abandon, comme l'humilité vraie est dans l'acceptation.

Garde intacte ta *confiance* et ce que tu voudras, tu l'auras.

Ce que vous appelez foi, c'est la *confiance* en cette dimension divine qui est en vous.

Regarde demain avec *confiance*. Rien n'est hasard, tout est voulu, tout conduit au meilleur.

Ne perdez pas *confiance* : ce qui doit être sera, que dis-je, est déjà, puisque le temps n'existe pas.

Vois la *confiance* de la bête, elle ne doute pas, elle ! Elle s'abandonne émouvante et naïve.

Le soleil qui se lève est promesse d'une journée immaculée, une aube de *confiance*... Il faut aimer, toujours et encore, afin que bien remplie soit ta journée.

Confiance ! Confiance ! Abandonne-toi afin que tout s'accomplisse en toi.

La *confiance* est un abandon. Il faut oublier la peur, te laisser porter, car tout ce que tu vis est pour ton bien, pour t'amener plus loin, à un plus grand degré de compréhension et d'amour.

Confiance ! Je te le répète, ne te raidis pas face à la vie, abandonne-toi.

Ne doutez pas surtout, ne vous laissez pas décourager par les derniers et violents soubresauts des vieilles valeurs qui ne veulent pas lâcher prise. Chaque être qui désespère éteint un peu de la lumière du monde. Donc, je le répète encore une fois, *confiance* et conscience !

Aie *confiance*, abandonne-toi au Divin, comme le baigneur qui fait la planche se laisse porter par le courant.

Aie *confiance* en moi, en nous ; aie *confiance* en toi ! Vis pleinement tes journées dans cette *confiance* toujours renouvelée.

***

TRANSCOMMUNICATION
(voix enregistrée)

Confiance. — Je suis avec toi, maman.

Je t'aime. *Confiance* !

N'aie pas peur. *Confiance* !

Fais *confiance* ! Nous sommes là.

Confiance ! Abel, il est là.

Je veux ta confiance.

Le mot CONFIANCE, qu'Abel épanouit comme un soleil, revient au moins une fois à chaque séance de transcommunication.

CONNAISSANCE - CONNAÎTRE

En chaque être est la *connaissance*. Mais il l'a oubliée et enfouie sous une montagne de préjugés.

N'aie pas peur de cette *connaissance* vivante qui est en toi !

Celui qui n'aime pas ne peut prétendre *connaître*.

Cette *connaissance* que vous nommez intuitive prend sa source au cœur de vous-mêmes.

Ardue est la route qui mène à la *connaissance* sur la terre ! Pourtant celui qui cherche trouve.

À la lumière de cette *connaissance* innée qui est en toi, examine ce qu'on te propose (religions, doctrines, théories) et reste vigilante, toujours.

Le sectarisme et l'intolérance sont les pires ennemis de la *connaissance*.

L'amour est *connaissance*.

Connaître, c'est naître avec, et on ne naît que par l'amour. Aucune *connaissance* sèche, intellectuelle, n'atteint son but.

La raison, le mental, les déductions logiques éloignent de la *Connaissance* véritable.

Connaître, c'est se souvenir, retrouver ce que tu as su, ce que tu sais encore, mais que tu croyais avoir oublié.

Il est des instants de grâce : en une seconde, toute la *connaissance* peut être entr'aperçue.

Ici, on oublie toutes ces fausses *connaissances* accumulées et on découvre, éblouis, tant de clarté, tant de simplicité.

La *connaissance* n'est pas évidente, car trop souvent elle emprunte de fausses voies. Elle n'est pas accumulation de savoir, mais humilité et amour.

En toi la source de *connaissance* directe est un fragment de cette conscience divine et éternelle qui rêve de retrouver l'unité perdue.

Celui qui s'enorgueillit de sa *connaissance*, celui-ci s'éloigne de la sagesse et devra quitter l'Eden.

De même celui qui tire vanité de ses pouvoirs, celui-ci verra s'effondrer son monde et il s'engloutira avec l'Atlantide.

La clef de la *connaissance* est en vous, la clef qui ouvre toutes les portes.

La vraie *connaissance*, tu ne la trouveras pas dans les livres. Tu peux y accéder intuitivement. Bien au-delà des apparences, elle atteint l'essentiel, cet essentiel qui bien souvent se dérobe à l'intellectuel.

Les idéologies vont disparaître au profit de tentatives de *connaissances* directes et intuitives.

Le vieux précepte « *Connais*-toi toi-même » ne nous invite pas à la seule *connaissance* psychologique. Il ne s'agit pas seulement de *connaître* votre moi superficiel, égoïste et contradictoire, mais bien d'atteindre ce qui, dans chaque être est éternel, la source même de la vie.

*
**

TRANSCOMMUNICATION
(voix enregistrée)

Question. — Te te trouves, n'est-ce pas, au cœur de la connaissance, *là où l'on sait ?*

Réponse. — C'est vrai.

CONSCIENCE

Une seule *conscience* qui s'élève, élève la terre entière, car tout est lié en une immense et merveilleuse unité.

L'heure approche où les *consciences* vont s'unir en un vaste faisceau de lumière.

Que s'ouvrent vos *consciences* !

Chacun voit, entend et comprend suivant son degré de *conscience*, ce qui explique la multiplicité des religions et des sectes.

Nous travaillons très fort à l'élévation du niveau de *conscience* de l'humanité.

Cette lumière, vivante au cœur de toi, tu l'appelles *conscience*.

Une *conscience* neuve, une *conscience* cosmique est en train de naître sur notre planète.

Cette nouvelle *conscience*, qui sera celle d'une humanité rénovée, ne peut investir la terre d'une manière magique. Sache-le, son avènement sera long et douloureux.

La *conscience* est partout, dans la plante comme dans la pierre.

J'aide autant que je le peux les *consciences* à s'ouvrir.

Maintenant que j'ai atteint un autre niveau de *conscience*, maintenant que s'est ouverte la porte des révélations, maintenant, enfin, je peux comprendre, aider, aimer comme il convient.

La *conscience* ouvre sur la connaissance.

L'heure est venue d'abandonner la vieille *conscience* morcelée, étriquée et de s'ouvrir à la *conscience* planétaire.

Ne t'inquiète pas, les *consciences* s'ouvrent.

Travaillez tous ensemble pour hâter la venue de la nouvelle *conscience*. Nous vous y aidons.

La *conscience* divine imprègne tout, soutient tout, pénètre chaque atome. Tout est divin.

Il y a une *conscience* aussi au cœur de l'atome.

La *conscience* ne dépend pas du temps et de l'espace, alors que la matière est soumise à ces lois si contraignantes. C'est pourquoi la *conscience* est indépendante du corps physique.

Le cerveau est un instrument par lequel s'exprime la *conscience*.

Nous sommes nombreux à aider à l'avènement de la nouvelle *conscience*.

Nous venons vers vous afin que s'ouvrent les cœurs et les *consciences*.

Chaque être contient un fragment vivant du Divin qu'il appelle *conscience*.

Je suis plongé au cœur même de la *Conscience*, une *Conscience* immense, évidente, universelle. Cette *Conscience* est la vie, et elle est l'Amour.

Plus loin que la *conscience* ordinaire qui est bornée et utilitaire, il faut vous hausser à un autre niveau de *conscience*. Vous saisissez alors des sensations subtiles, ce qui, dans le meilleur des cas, vous permettra une brève échappée sur notre monde.

De plus en plus d'humains sur la terre sont investis d'une nouvelle *Conscience*, une *Conscience* cosmique et pacifique.

Loin de moi de penser que la décennie qui vient sera facile pour la terre, mais il y aura davantage de *conscience*, de compréhension, de respect et de fraternité, une meilleure vision de la vie et de la mort.

Fais silence en toi pour atteindre cette plénitude ineffable de la *Conscience* intérieure et universelle.

Les poètes, les prophètes quittent la *conscience* ordinaire pour atteindre cette autre *Conscience* plus large et plus vraie, cette *Conscience* qui sait.

Tous les possibles sont en vous, mais le plus souvent, vous n'en avez pas *conscience*.

Sur terre, la *conscience* d'un individu est un fragment de la *Conscience* infinie, limitée, morcelée, isolée par la nécessité temporaire de l'incarnation. Elle aspire à s'évader pour retrouver sa dimension universelle.

Ce nouveau monde ne naîtra pas par la violence, mais grâce à une prise de *conscience* généralisée.

Il est temps qu'une meilleure *conscience* éloigne le spectre du mal... À la naissance de cette *conscience* nouvelle, nous travaillons et tu y travailles par tes livres et tes paroles.

Que chacune de vos journées soit un pas vers davantage de *conscience*, davantage de sérénité, davantage d'amour.

Le niveau de *conscience* global de l'humanité est en perpétuelle évolution. Nombreux sont ceux qui revendiquent la paix, prient pour elle, manifestent pour elle !

Cette *conscience* fragmentée des choses et des êtres est une *conscience* fausse.

Une prodigieuse révolution se prépare. Tout ce qui existe sur le plan terrestre sera spiritualisé, grimpera d'un degré dans la *Conscience*.

Cette émergence d'une nouvelle *Conscience* devient de plus en plus visible. Les esprits s'ouvrent dans le monde entier, et les lieux de lumière se multiplient sur la terre.

Beaucoup d'êtres se protègent — surtout ne changeons pas de *conscience* de peur d'être obligés de changer d'existence, pensent-ils — ils ont peur des nouvelles valeurs et restent farouchement accrochés aux anciennes qu'ils sont prêts à défendre par la violence. Ces êtres sont sourds et aveugles. Ne te blesse pas à eux.

*
**

TRANSCOMMUNICATION
(voix enregistrée)

Question. — As-tu changé dans le monde spirituel ?

Réponse. — Je suis toujours ton fils, mais avec la **conscience**.

Question. — As-tu l'impression que les **consciences** *sont en train d'évoluer, que de plus en plus de gens sont avides de réalités spirituelles ?*

Réponse. — Oui, je pense.

COQUILLE - ENCOQUILLER

J'ai jailli comme le fruit de sa *coquille* brisée (1).

Tant que vous serez *encoquillés* dans un corps de matière, vous ne pourrez pas atteindre à la totalité de la Connaissance.

Mon corps de chair n'est qu'une *coquille* vide. On ne regrette pas une *coquille*.

Tout être a son utilité dans le grand ballet de la vie terrestre, même l'assassin, puisqu'il sert à vous *désencoquiller*.

Cette *coquille* dont nous nous sommes échappés reste sacrée, car nous l'avons habitée. Mais nous n'y pensons plus qu'avec indifférence. Oui, tous les cimetières sont vides.

Cette *coquille* étroite et lourde, encombrante et douloureuse qu'on appelle le corps physique.

Votre corps physique n'est qu'une *coquille*, provisoirement habitée.

Les cimetières ne contiennent que des *coquilles* vides et dérisoires. Ce n'est pas là qu'il faut nous chercher.

Nous pouvons à travers la *coquille* du corps physique atteindre votre être spirituel et l'embraser.

Les matérialistes prennent l'apparence pour le réel, la *coquille* pour l'être.

(1) Au moment du passage.

CORPS PHYSIQUE
CORPS SPIRITUEL

Lorsque le *corps physique* est aliéné, il n'est plus capable de transmettre les ondes de l'âme. Sur la terre, le *corps physique* sert d'intermédiaire. Tout passe par lui. Alors il faut le respecter... Si le *corps* va mal, il entrave la spiritualité.

Quand on choisit d'entrer dans un *corps* de chair et d'affronter la terre, il faut beaucoup, beaucoup de courage !

Ce *corps spirituel* est bien plus agréable que le *corps* de chair : il se déplace très vite, il ne se fatigue pas, il est plus intelligent puisqu'il peut lire dans les pensées et parcourir le temps.

L'idée de revêtir de nouveau un *corps* étroit et lourd me fait horreur.

Le *corps* est l'habit de l'âme.

Vos *corps physiques* vont devenir de plus en plus diaphanes, de plus en plus transparents, jusqu'au jour où ils ne seront plus un obstacle à la communion avec l'ineffable.

Nos *corps* sont faits de vibrations infiniment moins lentes que vos *corps* de chair. Ils vibrent si vite que vous ne les voyez pas.

Quand un être qui vit dans le monde spirituel reprend un *corps* pour affronter de nouveau le monde physique, il consent un énorme sacrifice.

Si tu t'identifies au *corps physique*, tu ne peux espérer approcher du Divin.

L'esprit rayonne à travers nos *corps spirituels* alors que les *corps* de chair le dissimulent et l'entravent. Ils sont des masques et des obstacles.

Le *corps* humain s'affine, se spiritualise et cette mutation progressive entraînera l'ouverture de vos sens spirituels. De plus en plus nombreux vont être ceux qui pourront nous capter et renouer le dialogue d'un plan à l'autre.

Votre *corps* est un champ vibratoire.

Vibrez haut et beau !

Ce que tu es profondément, réellement, vit et s'exprime déjà en dehors de ce *corps physique* qui t'entrave.

Tant que le *corps* de lumière est encore relié au *corps* de chair, il ne peut pas explorer l'infinité des mondes, il n'accède pas totalement à cette dimension de Beauté et d'Amour qui n'est pas terrestre mais spirituelle.

Il est des secrets auxquels vous ne pouvez pas accéder tant que vous resterez prisonniers du *corps physique*.

Vous n'êtes pas un *corps* habité par un esprit, mais un esprit, un temps, habillé de matière, un esprit qui a endossé pour quelques années un *corps*. L'esprit prime, il préexiste au corps de chair et lui survit. Le *corps physique* n'est qu'un vêtement temporaire, vêtement voué à disparaître, à être un jour usé ou déchiré.

Le *corps physique* de la terre souffre du non-respect de l'homme qui l'agresse par la pollution, la violence, mais son *corps* éthérique souffre aussi de toutes les pensées et actions négatives des humains.

Réformez vos pensées pour que revive la terre !

Je vis ici sans cette limitation douloureuse et pesante du *corps*.

L'esprit est enfin débarrassé de ce qui lui pesait et l'entravait, ce *corps* de chair qu'il dépouille comme un habit ridicule et, soudain, devenu inutile.

Le *corps physique* n'est qu'un véhicule dont vous êtes le passager.

Protégez votre *corps* de terrien de toutes les nuisances. C'est un devoir de le garder sain, car si vos cellules sont polluées, elles ne pourront atteindre la transparence qui rend possibles les contacts entre nos deux sphères.

N'identifiez pas votre moi radieux et immortel à votre *corps physique* périssable. Votre habit de chair, aussi précieux soit-il, n'est qu'une dépouille mortelle, endossée par votre âme, pour un bien court instant seulement. Sachez transcender ce *corps* par qui vous connaissez tant de souffrances (maladies, accidents, séparation).

Le *corps physique* n'est que cette tente qui t'abrite, ce vêtement qui te protège de la dureté de la terre.

Souviens-toi de cette phrase de saint Bernard que tu aimais citer :
« Seigneur, quand donc déchireras-tu mon sac ? »

Le *corps physique*, sache que tu l'as endossé pour vivre certaines expériences nécessaires à ton évolution. Ce *corps*, ne le confonds pas avec ton moi, mais traite-le avec égard, car il va parcourir avec toi un bout de chemin.

Votre *corps physique* n'est qu'une coquille provisoirement habitée et animée par ce souffle divin que vous appelez l'âme. Quand il sera déserté par cette céleste habitante, vous ne le regretterez pas davantage que la boucle de cheveux abandonnée aux ciseaux du coiffeur.

N'empoisonnez pas votre *corps*, ce *corps* qui a été prêté un temps à votre âme pour lui servir de véhicule.

Le *corps physique* est un temple, un tabernacle, puisqu'il contient le Divin. Il est donc sacré, respectez-le.

La lumière pénètre vos esprits, mais aussi chaque cellule de votre *corps* l'aidant à s'affiner.

Le *corps physique* est véhicule, véhicule de l'âme.

Vous devez garder toujours présent à l'esprit le caractère éphémère de la vie prisonnière d'un *corps* de chair et ne point vous assimiler à ce *corps* de matière.

Ce *corps*, dont le miroir te renvoie le reflet, n'est pas ton moi, mais l'enveloppe provisoire de ton moi. Pénètre ce masque de chair, creuse et tu trouveras l'étoile.

Ces souffles froids que tu sens sont les frôlements de mon *corps spirituel*.

Mon *corps spirituel* si léger, si lumineux, va presque instantanément où je veux et revient avec la même étonnante vitesse.

Nos *corps spirituels* échappent à la gravitation et peuvent voyager à une prodigieuse vitesse.

Nous n'avons pas besoin d'engins spatiaux pour nous déplacer, puisque notre *corps spirituel* nous transporte, presque instantanément, d'un point à l'autre.

Les *corps spirituels* n'ont ni infirmités, ni maladies.

Les personnes handicapées, obèses ou squelettiques sur la terre, retrouvent une apparence harmonieuse.

Ô mon Dieu ! si vous pouviez voir nos *corps spirituels*, ne serait-ce qu'un instant ! Nous sommes tellement rayonnants, comme lumineux de l'intérieur !

Notre *corps spirituel* est d'une extrême légèreté par rapport à la lourde enveloppe charnelle que nous avons abandonnée, mais il est pourtant d'une certaine matérialité, sinon tu ne pourrais pas me sentir.

Le *corps spirituel* est un corps de matière aussi, mais de matière moins grossière que celle qui constitue le corps physique. Il est composé également de vibrations, mais de vibrations beaucoup plus rapides que celles du *corps physique*. Il vibre à une telle vitesse que vous ne le voyez pas.

Ce ne sont pas nos *corps spirituels* qui sont sans consistance, mais bien les vôtres, puisque nous pouvons les traverser.

Nous avons un vrai *corps*. Comme vous, nous nous déplaçons, comme vous, nous nous emplissons de cette énergie vivante qui nous entoure.

Nos *corps spirituels* étincellent de couleurs.

Tu me sens quand je te touche, ceci te montre que j'ai encore un *corps*.

Notre *corps spirituel* est, pour nous, aussi consistant que le vôtre.

Si les hommes comprennent qu'ils n'habitent que quelques malheureuses années — un clin d'œil dans l'éternité ! — ce *corps* de matière, alors ils élèveront leur esprit au-dessus de tant de mesquineries, ils se libèreront du désir de possession — et la face de la terre en sera changée.

Je voudrais tant te faire ce cadeau d'une image vidéo, mais vois-tu c'est très difficile. Il faut matérialiser au maximum notre *corps spirituel* et alourdir nos vibrations afin que la caméra puisse capter notre image. Nous savons que ces preuves sont importantes pour vous.

***

TRANSCOMMUNICATION
(voix enregistrée)

Question. — Quels points de mon **corps** *touches-tu ?*

Réponse. — Les chakras.

Question. — Le **corps physique** *que méprisent tant de spiritualistes a-t-il un rôle à jouer dans notre évolution, est-il important ?*

Réponse. — Oui, c'est important.

Question. — Est-ce désagréable pour toi de traverser un **corps physique** *?*

Réponse. — Non, ce n'est pas désagréable.

Question. — Ce n'est donc pas grave si une personne qui ne te voit pas heurte ton **corps spirituel** *?*

Réponse. — Non, ce n'est pas grave.

Question. — Est-ce difficile pour toi de toucher mon corps physique ?

Réponse. — Oh ! je te touche !
Non, c'est facile, je suis près de toi.

Question. — Avec ton **corps spirituel**, *vois-tu dans toutes les directions ?*

Réponse. — Oui, je vois dans toutes.
Nous voyons même ce qui, pour vous, est disparu.

Oubliant que j'avais posé cette question, quelques mois après, je l'ai reposée à Abel.

Question. — Vois-tu dans tous les sens ?

Réponse. — Je vois partout.

Question. — Est-il possible à un **corps spirituel** *d'entrer à l'intérieur d'un* **corps physique** *? Peux-tu te fondre en moi ?*

Réponse. — Oh oui ! je le peux.

Question. — Votre **corps spirituel** *contient-il des organes subtils non visibles pour nous ?*

Réponse. — Oui, c'est ainsi.

CÔTÉ

C'est nous qui voyons le véritable *côté.*

Il faudrait, en effet, pleurer, quand un enfant naît, puisqu'il devra traverser toutes les épreuves terrestres, et sourire lorsqu'il meurt puisqu'il est, enfin, libéré.

Le vrai *côté,* c'est ici... Tout sur la terre est inversé.

Je suis à *côté* de toi, près, si près, bien plus près de toi que lorsque j'étais incarné. D'ailleurs, tu le sais bien, puisque tu me sens.

Je reste à tes *côtés,* je t'accompagne partout.

Tu n'es jamais seule. Nul humain n'est seul, même s'il le croit.

***

TRANSCOMMUNICATION
(voix enregistrée)

Question. — Où es-tu, mon enfant bien-aimé ?

Réponse. — À **côté** *de toi.*

COULEURS

Les *couleurs* semblent vivantes. Elles sont faites de lumière. Ce sont des *couleurs* qui rayonnent, chantent et vibrent. Et dans ces vibrations, on baigne.

Moi qui aimais tant les *couleurs* et leur harmonie joyeuse, ici je vous assure que je suis émerveillé.

Imagine un film en noir et blanc, un vieux film un peu gris — et à côté un film rutilant de *couleurs*. C'est la différence entre nos mondes.

Cette beauté dont je ne cesse de m'émerveiller, je voudrais t'en faire partager la splendeur, mais c'est très difficile. Autant essayer d'expliquer les *couleurs* aux aveugles.

***

TRANSCOMMUNICATION
(voix enregistrée)

Question. — Vois-tu de merveilleuses couleurs *inconnues de la terre ?*

Réponse. — Je les vois, oui, oui !

Question. — Quelle est la couleur *de ton habit spirituel ?*

Réponse. — Bleu azur et jaune.
Les *couleurs* sont très belles.

Question. — Quelles sont les couleurs dominantes de ton plan spirituel ?

Réponse. — Bleu et blanc.

CRÉATION

C'est l'homme qui rature la *Création* qui est divine, comme un enfant se plaît à gribouiller un livre précieux.

La *Création* tout entière est imprégnée du Divin et on n'a pas le droit de la détourner de son ascension vers la lumière en l'utilisant pour le mal et la violence.

C'est là un sacrilège.

En toi vibre la *Création* tout entière.

Chaque être, contenant une parcelle du Divin, participe à la *Création* qui est vie et mouvement.

CROIRE

Crois et aime en suivant ton intuition profonde.

Crois en toi, *crois* en nous, *crois* au pouvoir des mots.

Crois en ce Dieu qui rayonne en toi.

Plus tu *croiras* en ma présence à tes côtés, plus je pourrai te révéler de choses belles et troublantes.

Crois. Rayonne.

Aime et *crois*.
Rayonne et apaise.

Crois en toi et ta mission. Ne doute pas de toi, de moi.

Crois ; aime et déverse sur tous les radieuses certitudes que je te donne.

Grâce à la transcommunication, désormais tu ne *crois* pas, tu sais.

D

DÉFAUT

Le *défaut* dont on se moque chez quelqu'un, existe aussi quelque part chez celui qui rit.

Nul n'est sans *défaut*. Ne jugez pas, aimez.

Les *défauts*, les laideurs que vous critiquez ont aussi leur racine en vous. Tout correspond, tout communique. Il n'existe aucune cloison entre les êtres.

Séparer, fractionner, opposer est le plus grave *défaut* de la vie terrestre et ce *défaut*, trop souvent, entraîne violence et souffrance.

DEMANDER

Il ne vous est jamais *demandé* davantage que ce que vous pouvez donner.

Il ne vous est jamais *demandé* que ce qui peut le mieux vous permettre d'avancer.

Demande et tu recevras.

On te *demande* beaucoup, car tu peux beaucoup.

Sois forte, car il te sera beaucoup *demandé*.

DÉSESPÉRER - DÉSESPOIR

Il ne faut pas *désespérer*. Il faut aider les *désespérés*.

Tu dois semer la joie ; tu dois traquer le *désespoir*.

Ceux qui ne croient qu'à ce monde limité et périssable de la matière *désespèrent*.

Je m'essaie à aider ceux qui *désespèrent* (1).

Tes livres doivent être un remède pour ceux qui *désespèrent*, un puissant antidote au *désespoir* actuel. Que les pessimistes, les oubliés, les blessés, les *désespérés,* reprennent confiance en te lisant, car il est vrai qu'écrire est un acte d'amour.

Du *désespoir*, il ne naît rien de bon : le moins ne peut donner le plus. Sois positive, joyeuse, convaincante.

***

TRANSCOMMUNICATION
(voix enregistrée)

Question. — Que faut-il dire à ceux qui **désespèrent** *?*
Réponse. — Que nous sommes là !
Nous sommes vivants, oh oui !

(1) J'ai reçu de nombreux témoignages de gens désespérés qu'avait aidés Abel.

DÉSIR

Ce monde dépasse infiniment en beauté, lumière et harmonie ce que pouvaient construire nos *désirs* les plus fous.

L'idéal est, bien sûr, le non-*désir*, du moins de se libérer du *désir* des choses matérielles, de ce besoin de posséder, d'accumuler qui est pour tant de vos contemporains une drogue dissimulant leur mal-être — mais aussi un prétexte à oublier l'essentiel.

Mais ce *désir* terre à terre, remplacez-le par un *désir* de lumière, le *désir* d'évoluer, de comprendre et d'aimer.

Changez l'objet de votre *désir* et tout sera bien.

Tu as *désiré* reprendre ce dialogue trop tôt interrompu entre nous et, tu vois, je suis venu te parler.

Ce que tu *désires* du plus profond de toi-même, sans douter, avec foi et conviction, se réalise toujours.

La vie terrestre contient le meilleur et le pire : chacun en prend ce qu'il *désire*.

DESTIN - DESTINÉE

Il n'est pas de *destin* inéluctable. Votre liberté peut toujours en modifier le cours. Si vous avez compris la leçon, des épreuves peuvent vous être épargnées.

La *destinée* qui est la vôtre a été choisie afin de mieux vous aider à réaliser votre propre évolution. Souvenez-vous !

Ce que vous appelez *destin*, c'est ce chemin qui vous conduit là, exactement, où vous devez aller, là où vous vous êtes donné rendez-vous avec vous-mêmes.

Un *destin* parsemé d'embûches conduit plus vite au but, à la réalisation finale.

« Il n'est pas de *destin* auquel on ne préfère un songe », a dit Victor Hugo.

Soyez fidèles à vos rêves les plus purs afin qu'ils deviennent réalité.

C'est ce qui se rapproche le plus du bonheur sur la terre : faire coïncider votre vie et vos idéaux.

Le *destin*, c'est le scénario d'une pièce approuvée par vous-mêmes et, pour l'essentiel, écrite par vous.

DIABLE

Ce que vous appelez le *diable*, ce sont ces forces obscures qui se regroupent pour inspirer le mal aux hommes influençables.

Cet égrégore négatif, les hommes l'ont nommé *diable*.

Certaines personnes ont besoin d'interdits, d'épouvantails : le *diable*, le malin... Il leur faut avoir peur pour fuir le mal.

Il n'existe pas une entité unique nommée *diable* ou Satan ou Malin, un prince des ténèbres qui s'opposerait au roi de la lumière. C'est une idée naïve, née de ce besoin d'allégorie qui caractérisait l'humanité dans son enfance.

Le mal est né de la liberté de l'homme. Mais il est vrai qu'il existe de sombres égrégores de forces négatives, de pensées mauvaises qui se regroupent et peuvent influencer les esprits fragiles.

Défiez-vous d'une religion ou d'une doctrine qui parle davantage du *diable* que de Dieu ! C'est l'aspiration constante à la lumière, à la beauté, à l'amour, à la transparence, qui distingue les spiritualistes véritables.

C'est cette pensée pervertie, mettant le *diable* à toutes les sauces ; qui, trop souvent, empêche la communication entre le monde spirituel et la terre, car les gens ont peur.

Le *diable*, c'est la matérialisation de toutes les peurs, terreurs, épouvantes de l'humanité au cours des siècles. À cette angoisse fondamentale de vivre, on a donné un visage hideux et grimaçant et, plutôt que d'en combattre les racines en soi, on l'a nommé *diable* et on en a fait un ennemi extérieur et maléfique.

Ce n'est certes pas en effrayant les gens, en leur parlant du *diable* et de sa légion de démons, qu'on les fera avancer sur les chemins de la beauté, de la bonté et de la spiritualité. Rien de bon, jamais, n'a été obtenu par la peur !

*
**

TRANSCOMMUNICATION
(voix enregistrée)

Question. — Le **diable** *existe-t-il ?*

Réponse. — Je ne pense pas qu'il existe.
Je pense que non.

DIEU - DIVIN

Dieu, c'est la conscience rayonnante (voix directe entendue la nuit).

Tout est voulu par l'Être que nous appelons *Dieu* et qui rayonne sur toute vie.

Dieu, on ne le voit pas, mais on est tout imprégné de Lui.

Dieu est incommensurable et proprement ineffable. Il est ce que tous les êtres de tous les temps, ont pressenti de Lui, mais bien davantage encore.

Tout rayonne le *Divin*.

Dieu sait pourquoi certains embarquent, pourquoi d'autres débarquent.

Enivre-toi du *Divin*. C'est la seule ivresse qui ne laisse pas le cœur vide et la bouche amère.

L'univers tout entier est poussé vers *Dieu*.

L'onde suprême, l'onde d'amour infini, c'est *Dieu*.

Rien n'existe qui ne soit *Dieu*.

Tout est lié, et *Dieu* est ce qui lie les êtres et les choses.

Oui, il y a un point au-delà de la chair et de l'esprit où tout se réconcilie. Ce point, c'est ce que nous appelons *Dieu*. Car *Dieu* est un point, comme il est l'Infini. Ne vois-là aucune contradiction.

Tout baigne dans *Dieu*.

Dieu, qui n'est que beauté, bonté et lumière, est souvent accusé à tort du mal de la terre. C'est là un grave contresens, un épouvantable sacrilège. Ceux qui reprochent à *Dieu* le mal, oublient que le mal se dissout dans sa splendeur, comme l'ombre dans le soleil.

Tout est *Dieu* et *Dieu* est tout.

Fais silence et écoute chanter le *Divin* en toi.

Si tous comprenaient, le royaume de *Dieu* serait déjà sur la terre.

Je ne vois pas la totalité de ce qui est.
Seul *Dieu* peut embrasser la création dans sa complétude.

Emplis ton cœur et ton âme de beauté, car la beauté est *divine*.

Quelque part, au fond de toi, dans cette partie de ton être qui reflète le *Divin*, tu sais.

Tout en étant cette Vibration Suprême vers laquelle tendent tous les êtres vivants, *Dieu* est père et mère puisqu'il est l'amour absolu et que tout vient de lui. Il imprègne tout, il soutient tout, il rayonne en tout.

Rien n'existe qui ne soit *divin*.

Abandonnez-vous au *Divin*, ce *Divin* qui est partout, en vous et autour de vous.

Durant ce long voyage d'amour qui nous ramène vers *Dieu*, nous devons affronter des obstacles, relever des défis, vaincre des périls, tels les chevaliers du temps passé. Si l'on garde toujours présent à sa pensée le but *divin* de cette odyssée, la vie terrestre prend tout son sens.

Si, au contraire, on a oublié la signification sacrée de ces pérégrinations trop souvent douloureuses, alors tout paraît absurde et désespérant.

Tu es là pour rafraîchir la mémoire de ces pèlerins du *Divin*. C'est à la fois facile, car, au fond d'eux-mêmes, subsiste le souvenir enfoui des sphères *divines* — et difficile, car ce souvenir est englué dans la matière.

Abandonne-toi au *Divin* au lieu de t'affronter à la dureté de la terre.

Chacun est propulsé vers *Dieu*.

Soyez les conducteurs du *divin* courant.

L'univers tout entier est fait d'un seul tissu, le tissu *divin*.

Dieu est amour sublime et totale compréhension. Il n'a rien à voir avec cette ignoble et sacrilège caricature, avec cet être sans cesse irrité et courroucé dont le bras vengeur s'apprête à s'abattre sur une pauvre humanité terrorisée. Trop longtemps, on a blasphémé ainsi ! *Dieu* est l'amour à l'état pur, cet amour dont vous ne pouvez percevoir qu'un bien pâle reflet sur la terre.

Tout est *divin*.

Et si *Dieu* est la flamme, comment pourraient-ils capter sa chaleur et sa lumière, ceux qui refusent d'approcher du brasier ? Pourtant, ils crient bien fort qu'il n'est pas.

En chaque être, même le plus déchu, cherche le *dieu* caché.

L'âme qui connaît son origine n'ignore point qu'elle est *divine*. Et comment se contenterait-elle des piètres plaisirs du corps, ces plaisirs sans cesse exaltés par vos sociétés matérialistes qui en font même un but ?

Le *Divin* est partout, tout est le *Divin*.

Dieu n'est pas le Tout-Puissant, il est le TOUT-AIMANT.

Tout parle, tout est langage *divin*. À vous d'apprendre à écouter.

Dieu est la totale liberté, l'infini, l'intemporel, l'innommé.

On ne peut pas l'encaserner dans une quelconque église, ni le museler avec des codes, des dogmes, des rites. Là commence l'hérésie.

Comment les hommes peuvent-ils nier *Dieu* lorsqu'ils contemplent le ciel ruisselant de constellations ?

Dieu se laisse apercevoir par ceux qui savent aimer, mais il ne se livre pas à ceux qui ne veulent que comprendre et tout intellectualiser.

En chaque être, découvre le *divin*.

Où que tu sois, qui que tu sois, jeune ou vieux, incarné ou désincarné, *Dieu* est là.

Dieu est l'Être Unique que tu perçois morcelé en des milliers d'aspects. Pourtant, chaque morceau du puzzle contient le *Divin* tout entier.

Dieu pénètre tout, de l'atome au soleil.

Contemple *Dieu*, enivre-toi de son immense présence ; mais ne cherche pas à l'expliquer, encore moins à le codifier.

Dieu, c'est cette flamme qui chante en toi.

Dieu vous parle. L'astrologie, la numérologie, la graphologie et les diverses sciences sont des tentatives pour déchiffrer un peu de l'immense hiéroglyphe *divin*.

Quand chacun s'abandonnera au *Divin* qui l'habite, alors seulement la paix et l'harmonie régneront.

Dieu est cette prodigieuse conscience qui maintient la cohésion des mondes.

Trop d'êtres créent leur propre enfer et en accusent ensuite *Dieu*.

Il n'est pas d'être si sombre qui ne contienne une parcelle *divine*.

Nous baignons dans le *Divin* et nous savons que le *Divin*, c'est l'amour.

Il est des états de grâce où, même brièvement, même l'espace d'une seconde, vous avez l'intuition du *Divin*.

Que le *Divin* chante en vous !

Le sacrilège suprême, c'est d'utiliser *Dieu* et les textes sacrés pour mentir, tromper, torturer, tuer... C'est hideux, c'est odieux.

Je découvre, sans cesse et dans l'émerveillement, cette réalité radieuse. Oh ! que c'est beau cette harmonie des êtres, ce faisceau des âmes tournées vers le *Divin* !

En tout être palpite le *Divin*.

Dieu est en tout, Il est partout.

Aucun mot n'est assez grand pour contenir *Dieu*.

Cette fusion avec le *Divin* est le but de toute existence et chaque être aspire, plus ou moins confusément, à retrouver cet ineffable bonheur.

***

TRANSCOMMUNICATION
(voix enregistrée)

Question. — Sens-tu **Dieu** *?*

Réponse. **— On sent tous Dieu.**

Question. — As-tu obtenu une permission **divine** *pour me révéler tant de choses bouleversantes ?*

Réponse. — Oui... Tu es prête maintenant.

Question. ***— T'approches-tu chaque jour de*** **Dieu ?**

Réponse. **— Je pense que oui.**

DISCERNEMENT

Cultive le *discernement* en cette fin d'une ère.

Il est de nouveaux marchands du temple qui profitent de cette quête de Lumière des hommes dans le but d'en tirer profit, en proposant aux naïfs des gadgets dits spirituels. Le travail de mutation, toi seule peux le réaliser. Aucun talisman ne t'ouvrira les portes de la sagesse et de la sérénité. Ce serait trop facile !

Prudence et *discernement*! Nombreux sont les charlatans et les faux prophètes !

Le *discernement* est essentiel en cette période confuse. Combien se jettent dans des croyances fantaisistes en abandonnant tout esprit critique ?

Cherche par toi-même et passe au crible de ton intuition — qui n'est autre chose que cette partie de toi qui sait — tout ce qu'on te présente comme la vérité.

Trop sont trompés, proies faciles et naïves des modes — il est aussi des modes spirituelles — et ceci par manque de *discernement.*

Ne vous laissez pas manipuler, ne suivez pas le premier illuminé venu, soyez conscients. Il faut être vigilant et apprendre le *discernement.*

Jamais le *discernement* n'a été plus nécessaire qu'en ce moment.

Combien de faux-monnayeurs du New Age, combien de modernes marchands du temple pullulent ! Ces derniers tentent — suivant les vieilles normes de la vieille société — de tirer profit de cette immense aspiration de l'homme à atteindre une nouvelle conscience qui, justement, bannira toute idée de mercantilisme, d'argent et de pouvoir.

De même prolifèrent des croyances fantaisistes et débridées, toute une fiction farfelue et fantastique, qui éloignent les esprits sérieux de ce bric-à-brac. En font partie, cette attente de vaisseaux cosmiques qui devraient venir comme de nouvelles arches arracher les « bons », aux modernes déluges, tandis que les méchants seraient exterminés !

Ces pseudo-spiritualistes oublient simplement qu'il n'y a pas de maudits et de bénis, d'affreux et de purs, mais, qu'en chaque être se livre le combat entre la lumière et l'ombre, et que tous, sans exception, seront sauvés, que tous atteindront, un jour, le but radieux.

Il faut d'abord songer à se purifier soi-même avant de vouloir purifier le monde et ceci en excluant les autres, ce qui est oublier que l'autre c'est soi-même.

Ne te laisse pas séduire, ne te laisse pas réduire, garde le *discernement*.

Le but recherché n'a jamais été l'évasion à travers ces nouveaux « divertissements » (1), mais bien de permettre par un travail intérieur à la conscience spirituelle de naître.

Trop de futilités détournent de l'essentiel et nuisent à un idéal de beauté et de lumière qu'elles déflorent.

Que chacun cultive le *discernement*, fasse appel à son esprit critique ! Car trop d'entre vous sont bernés et distraits par trop de fictions qui les détournent de l'essentiel, c'est-à-dire de cette constante et difficile progression de tous les êtres vers la lumière divine.

En ce moment, sur terre, règne la confusion. Utilise ton *discernement*, reste vigilante et lucide. Fais passer au crible de ton esprit critique tout ce qu'on t'expose, tout ce qu'on te propose. Il y a toujours eu sur les plus belles vérités des tas de parasites qui pullulent. C'est dommage.

Je te le demande, cultive ton *discernement*.

Ne confonds pas l'évolution spirituelle avec ces techniques à la mode et vendues à prix d'or qui permettent à certains de développer leurs pouvoirs psychiques.

Ceci est artificiel, on ne provoque pas de tels dons, on les accueille avec modestie et reconnaissance quand ils sont offerts. Ces séminaires qui naissent un peu partout et recrutent des gens en recherche ne remplacent jamais le difficile travail intérieur, une ouverture réelle à l'autre, un amour vécu dans le quotidien, des pensées pures et constructives.

C'est un effort de chaque instant et qui doit se vivre dans la joie.

---

(1) Ce mot est employé dans son sens pascalien.

DON - DONNER

C'est de ce qu'on a *donné* qu'on est riche.

Tout le reste s'évanouit comme les images d'un songe quand on se réveille le matin.

Donne, que chacun de tes gestes soit offrande.

Prenez ce que je vous *donne*, car c'est ma joie de *donner*.

Celui qui ne *donne* pas s'appauvrit.

Donne et pardonne.

Ce que je te *donne*, tu dois le transmettre.

Demande avec ferveur et ce que tu attends te sera *donné*.

Donnez avec amour, sans calcul, en sachant que l'autre est vous et que ce que vous *donnez*, vous le recevez en même temps.

Donne à ton tour ce qui t'est *donné*.

Donnez sans orgueil votre temps, votre argent, votre amour ; que votre vie soit *don* perpétuel, *don* joyeux.

Que chacun de tes actes soit *don* !

Rien ne vous est jamais *donné* sur la terre, tout vous est prêté durant quelques années. Á quoi bon se battre et user ses énergies à vouloir posséder ce qui n'est qu'illusion ?

Tu n'es véritablement riche que de ce que tu *donnes*. *Donne* à profusion. Celui qui retient s'appauvrit. Ce qu'on ne *donne* pas, pourrit.

Donne, afin que la joie retombe sur toi en pluie de bénédictions.

Ne te lasse pas de *donner* ! Même si un *don* ne semble pas être reçu, sache qu'il a ouvert une porte quelque part.

Donne le meilleur de toi-même, toujours et encore.

Donnez toujours, *donnez*-vous.

Tout est *donné* à chaque créature, tout. Mais il prend peu ou pas du tout, et se plaint ensuite d'avoir soif.

Donne toujours le meilleur et ne t'attriste pas pour ceux qui ne veulent ou ne peuvent pas prendre.

Ce que je ne pouvais te *donner* sur la terre, trop blessé, trop limité que j'étais, ici je peux enfin te le prodiguer. Mais pour cela, il faut t'abandonner, ne pas sans cesse douter.

Ce que je te *donne*, le prend qui veut, qui peut.

Donne, offre à Dieu chacune de tes pensées, chacun de tes gestes afin qu'Il transforme tout en amour.

***

TRANSCOMMUNICATION
(voix enregistrée)

Moi. — Merci, oh ! merci pour tout ce que tu me **donnes** *!*

Abel. — **Donne**, toi aussi.

DOUTE

Quelque part au fond de toi, dans cette partie de ton être qui reflète le Divin, tu sais. Ne *doute* jamais de ce que tu sais.

Douter t'affaiblit et te fait reculer.

Il faut transcender la peur, le *doute*, car tout ce que tu vis t'amène plus loin à un plus grand degré de compréhension et d'amour.

Ne *doute* pas. Sans cesse, je t'accompagne, sois-en persuadée.

Le *doute* fait obstacle et entrave la communication.

Si tu arrivais à déchirer le voile du *doute*, tu vivrais d'étonnantes expériences.

Si tu pouvais seulement entrevoir le bonheur dans lequel nous baignons ici, je sais que tous tes *doutes*, toutes tes inquiétudes s'envoleraient comme le sable dans la tempête.

Ne *doute* pas ni de la prochaine transfiguration de la terre, ni de ta capacité à transmettre des idées de lumière.

Quand on *doute*, on ternit son aura et l'on projette de la grisaille autour de soi.

Le *doute* n'est utile que lorsqu'il te permet d'exercer ton esprit critique et ton discernement à une époque où pullulent les faux prophètes.

Ne *doute* pas, ni de toi ni de moi.

Ce que nous vivons de si prodigieux, nous aimerions tant le partager avec vous. Mais il nous faut nous battre avec vos *doutes*, sans cesse vous exhorter à croire.

Balayez le scepticisme, car le *doute* fait obstacle.

Tu dois traquer la moindre pensée de *doute* comme un insecte nuisible.

Quand arrive un contretemps, ne *doute* pas. Sache que ce contretemps fait partie du chemin qui te mène à la réalisation.

*
**

TRANSCOMMUNICATION
(voix enregistrée)

Question. — Le **doute** *est-il parfois positif et nous aide-t-il aussi à cultiver le discernement, à avancer dans la prudence ?*

Réponse. — Bien sûr, oui !

E

ÉCOLE

Ce sont les qualités propres à l'homme nouveau qu'il faut éveiller chez les enfants et les *écoles* actuelles forment encore l'homme ancien... L'*école* est le reflet de la société, elle prône la force, la compétition, la violence... Tout ceci abaisse le taux vibratoire des enfants, c'est du gâchis !

Non, il n'y a pas d'*écoles* (1) ici. Nous n'avons plus besoin de tout cela puisque nous sommes déshabillés de nos corps physiques et que l'enseignement est direct.

Ici, même les gens les plus instruits de la terre éprouvent le besoin de revenir à l'*école* et se sentent modestes.

*
**

TRANSCOMMUNICATION
(voix enregistrée)

Question. — Y a-t-il des **écoles** *dans le monde spirituel ?*

Réponse. — Non !

*Question. — S'il n'y a pas d'***école***, l'enseignement est donc direct ?*

Réponse. — Oui, bien sûr !

Question. — Y a-t-il autour de toi des guides spirituels qui t'instruisent ?

Réponse. — Oui, beaucoup.

(1) Il s'agit des bâtiments, des édifices scolaires.

ÉCRIRE - ÉCRITURE

Écris, sois convaincue et convaincante.

Proclame que la vie est éternelle et que tout marche vers la lumière.

Dis-le, *écris*-le, crie-le.

L'*écriture*, la poésie doivent s'engager non plus politiquement, mais spirituellement. Cet engagement doit refuser tout *a priori*, tout parti pris, tout sectarisme.

Écris, je te le demande.

Écris des poèmes, *écris* des prières, *écris* des romans. *Écris*, *écris* pour que tes mots aillent rejoindre ceux qui les attendent, ceux qui ont soif de certitude.

Il est grand temps que des livres essentiels soient *écrits*, c'est là un besoin vital. L'*écriture* doit aider à la mutation de la terre.

Écris, *écris*, afin que guérisse la terre malade des hommes !

Hâte par tes *écrits* la naissance de la nouvelle conscience.

Écrire, il le faut... Ne doute jamais de la parole *écrite*, elle va là où elle doit aller. Elle rencontre qui elle doit rencontrer.

Nous vous demandons d'*écrire*, car l'*écriture* laisse un sillage lumineux.

Tout ce que je te dis, tu pourras l'*écrire*, le révéler à d'autres. Les temps sont venus où chacun doit savoir.

Écris, avec ton âme, lis des lectures élevées, contemple de belles choses.

Certes, tu es l'auteur de ce que tu *écris*, tu es indispensable puisque c'est à travers toi qu'un livre se concrétise et voit le jour, mais *écrire*, c'est toujours voler un peu du feu divin. Ce que tu *écris* ne t'appartient pas.

Les mots te traversent, t'embrasent, tu les transcris et tu les donnes à d'autres, afin qu'ils fassent leur chemin dans les cœurs et les consciences des hommes.

L'*écriture* et la parole doivent se répandre afin que s'ouvrent les cœurs et les esprits.

Quoi que vous *écriviez* (même des témoignages de vie, même des traités scientifiques), sache que la matrice est spirituelle... Au commencement est l'esprit et tout le reste en découle.

Il faut que l'*écriture* cesse d'être un vain bavardage, un jeu futile ou prétentieux. Elle doit être signifiante et retrouver son origine sacrée.

Tu dois *écrire*, vois-tu. Ce chant d'amour, ce chant d'espoir, il faudra en tisser un livre de lumière, afin que ceux qui ont soif puissent se désaltérer.

Écris dans la joie et tous les petits ennuis reprendront leur vraie place qui est dérisoire.

Laisse-toi traverser par l'épée de feu de l'*écriture*.

On est responsable de ce qu'on *écrit*.

Ceux qui jettent sur le papier, comme autant de crachats, des mots de haine ou des mots sales, qu'ils ne s'étonnent point que ces mots reviennent les frapper et leur apportent souffrance et maladie.

Il faut *écrire*, car tant de gens ont besoin de messages d'espérance. C'est vital plus que jamais.

Écris sans te décourager. Tes livres vont vers ceux qui en ont besoin. Ils aident tant de gens. Ne t'occupe pas de ceux qui, par sectarisme, sont exaspérés, car tes *écrits* les invitent à remettre en question leurs préjugés, ce qu'ils ne veulent pas. Il est tellement plus facile de suivre le troupeau que de faire l'effort de penser par soi-même.

Les *écrits* vont où ils doivent aller, ils rencontrent ceux qu'ils doivent rencontrer.

Oralement ou par *écrit*, il faudra témoigner de la beauté de ce que nous vivons chaque fois que tu en auras l'occasion, ne jamais refuser une conférence, une émission de radio. C'est très important.

***

TRANSCOMMUNICATION
(voix enregistrée)

Abel. — Il faut **écrire** *!*

Question. — Dois-je **écrire** *tout ce que tu me dis ?*

Réponse. — Oui, bien sûr !

ÉLÉMENTAUX

De petits êtres spirituels se cachent parmi les plantes dont ils sont les vivants génies. Ce sont les *élémentaux*.

Les *élémentaux* peuplent vos forêts. Ils sont les petits esprits de la nature. Les enfants, parfois, les voient.

*
**

TRANSCOMMUNICATION
(voix enregistrée)

Question. — Les **élémentaux** *(elfes, sylphes, fées, ondines) existent-ils ?*

Réponse. — Ils existent vraiment, oh oui !

ÉMERVEILLEMENT - ÉMERVEILLER

Émerveillez-vous de nous avoir au bout du fil, au lieu de souffrir de ne plus partager avec nous les piètres plaisirs de la terre.

Ne t'inquiète pas pour ceux qui refusent de comprendre et de prendre. Ne montre ton trésor, n'offre ces perles précieuses qu'à ceux qui peuvent s'*émerveiller*. Pour tant et tant, le diamant n'est que du charbon.

Et sache que tout ce qui vous *émerveille*, ce que vous appelez le ciel, se trouve en vous.

Jette sur tout ce qui t'entoure ce long regard *émerveillé* de celui qui voit plus loin que les apparences mensongères.

Marche *émerveillée*, afin qu'en te voyant si radieuse des esprits s'éveillent.

Offre ton *émerveillement*, ta ferveur à ceux qui doutent, à ceux qui pleurent.

Émerveillez-vous et partout vous susciterez la merveille.

Ne te soucie pas des blasés, des tièdes, des sceptiques, des cyniques, *émerveille*-toi, exulte de joie.

Émerveille-toi, car tout est merveille.

En dépit des apparences mauvaises, sache que le monde est perfection.

La joie, l'*émerveillement*, ce sont les nouvelles vibrations. Chasse de toi le doute, la peur, l'angoisse.

Allez *émerveillés* afin d'allumer la flamme sur votre passage.

Soyez les nouveaux apôtres de la bonne nouvelle car le monde a soif de lumière.

Tu t'*émerveilles* de ce que je te donne, mais tout, déjà, était en toi et c'est en toi que tout s'accomplira, en toi que le monde nouveau prendra ses racines.

Que les mots que tu jettes autour de toi, comme le semeur ses graines, soient des mots d'amour, de lumière et d'*émerveillement* ! Car, ne l'oublie pas, chaque mot est porteur de vie ou de destruction. À toi de semer la merveille !

Ce que tu appelles, fervente et *émerveillée*, arrivera. Tout sera gloire et joie.

Ouvre les yeux de l'âme et *émerveille*-toi.

***

TRANSCOMMUNICATION
(voix enregistrée)

*Question. — Abel bien-aimé, je ne cesse de m'***émerveiller** *de tout ce que tu me donnes, de notre amour qui s'infinit, de ta voix qui jaillit si vivante. Ce dialogue renoué est-il aussi précieux pour toi ?*

Réponse. — Bien sûr que oui !

ÉNERGIE

Sens les *énergies* de notre monde (1).

Une *énergie* subtile nous recharge et nourrit nos corps spirituels.

Les êtres de lumière que nous rencontrons, nous transfusent leur *énergie* qui est radiante, aimante et vivifiante.

Tu peux parfois capter nos *énergies*.

Abandonne-toi, laisse-toi emplir par l'*énergie* de notre plan vibratoire.

L'*énergie* vitale relie les mondes. Mais cette *énergie* est raréfiée sur la terre, car trop empêtrée dans la matière.

Ici l'*énergie* est palpable, tangible et nourrit nos corps de lumière. Nous l'aspirons par toutes nos cellules.

Tout ce qui est *énergie* spirituelle est immortel. Sur la terre, la matière dissimule cette *énergie* spirituelle. La matière est un masque, mais un masque vivant et qui s'apprête à se transfigurer.

Il est des lieux chargés, des lieux où souffle l'Esprit. Ce sont eux qui transmettent des *énergies* puissantes à la planète tout entière.

Une *énergie* nouvelle se déverse sur la terre. Peu à peu, elle absorbe les miasmes du passé et régénère tout sur son passage.

Des *énergies* subtiles visitent votre monde et pénètrent la matière afin de la transmuter.

Puisse chacun s'ouvrir afin de laisser pénétrer en lui l'*énergie* divine !

---

(1) Une pluie d'ondes s'est abattue sur moi.

ENFANT

Ton *enfant* découvre avant toi ce monde de l'après-vie qui t'a toujours passionnée.

À peine incarné, le petit *enfant*, en fidèle élève de la terre, apprend à désapprendre ce qu'il avait compris ; il se prend de nouveau aux illusions de la matière.

L'*enfant* arrive sur la terre chargé de son lourd passé karmique, de ses pulsions de violence, de ses angoisses accumulées. Il doit apprendre à dépasser son égocentrisme. C'est à la vie de le faire évoluer.

Tu me sens à travers ces dizaines de petits contacts quotidiens comme la mère sent l'*enfant* à naître ; j'habite en toi.

Tu es ma mère et mon *enfant*. Je tente maladroitement de te guider vers les voies de lumière.

Ce dépassement perpétuel que vous me demandiez, à moi, l'*enfant* blessé, c'est moi maintenant qui te le demande.

Je suis ton *enfant* qui voit un peu plus loin que toi.

Puise dans le cœur pur des *enfants* la force de continuer encore un peu sur cette terre si rude.

La mémoire du petit *enfant* remonte à l'origine du monde.

Les *enfants*, tôt ou tard, ne se satisfont plus des fausses valeurs matérialistes. En eux, se lève une exigence d'autre chose.

Il faut donner un idéal spirituel aux *enfants*. C'est la fin d'un cycle, le vieux monde affublé de toutes ses fausses valeurs résiste désespérément. Or, ceux qui sont les victimes de cette époque charnière ne savent pas toujours pourquoi ; ils sont aussi peu conscients que la fourmi écrasée par le pied de l'éléphant.

Les *enfants* ont besoin de se construire à travers les vraies valeurs.

Dis-leur en termes simples que la vie est infinie, que seul l'habit, qu'ils revêtent un temps, meurt.

Les *enfants* ont tous des évolutions différentes.

Laissez vos *enfants* s'éloigner de vous comme les abeilles de leur essaim. Vous savez bien que, comme elles, ils reviendront.

Ici, les *enfants* grandissent et les vieillards rajeunissent. Chacun se retrouve à l'âge qui lui semble idéal.

C'est l'*enfant* qu'on a été qui nous précède sur le chemin, toujours. Cet *enfant* qui demeure vivant en toi, cet *enfant* exigeant, pressant, écoute-le.

Abandonne-toi, comme l'*enfant* s'abandonne aux bras de sa mère.

Noël, c'est la nudité, la beauté, le détachement, un *Enfant* de Lumière, né parmi les plus humbles et qui a redonné leur dignité aux exclus, aux oubliés...

Quel dommage que cette fête soit pour trop d'humains, l'occasion d'une véritable débauche de nourriture, d'alcool !

L'*enfant* blessé que tu as aimé, s'est transmué en un *enfant* de lumière, dont le désir le plus ardent est, désormais, de t'aider à aider.

ENFER

C'est la haine et non l'amour qui a inventé cette image horrible de l'*enfer*, où des êtres souffriraient éternellement.

Quelle imagination morbide a-t-il fallu pour créer un tel mythe !

En fait, ce que les chrétiens appellent *enfer*, purgatoire, paradis, ce ne sont pas des lieux, ce sont des états. Mais ceci est bien simplifié, presque caricaturé : il n'y a pas que trois plans et chacun d'eux comporte encore de nombreux degrés.

L'*enfer*, son propre *enfer*, c'est chacun qui se le crée sur la terre déjà et, d'une manière plus concrète, ici. N'oublie pas que dans notre monde la pensée est créatrice et qu'il est possible de projeter hors de soi tous les monstres qui nous habitent et leur donner corps et vie.

Ce que la tradition chrétienne nomme *enfer* est un état spirituel, un degré vibratoire qui correspond à un niveau de conscience. Il en est de même du purgatoire et du paradis.

Trop d'êtres — vivants ou désincarnés — sécrètent leur propre obscurité, créent leur propre *enfer*.

L'*enfer*, tel que le dépeignent les diverses églises, n'existe pas. Pas de feu éternel qui consume les damnés, pas de damnation ! C'est absurde et odieusement sadique ! Les plans spirituels aux vibrations les plus lourdes sont au contraire froids et sombres. Plus nous grimpons sur l'échelle spirituelle, plus la lumière devient éblouissante, ruisselante, pénétrante. Mais les entités qui peuplent ces sphères sombres connaîtront un jour elles aussi les sphères radieuses. Rien n'est définitif, irrévocable et tout ce qui les entoure est la projection de leur propre obscurité spirituelle.

L'*enfer* est un état de conscience, la matérialisation de pensées négatives, de sentiments de haine, un niveau vibratoire qui crée des ondes lourdes. Quelqu'un sur terre qui est triste ne dit-il pas, qu'il voit tout en noir. L'*enfer* c'est ça, mais ce n'est pas cet épouvantail qu'ont brandi, durant tant de siècles, les religions pour terroriser les pauvres humains.

Quel Dieu, sadique et monstrueux, condamnerait ainsi des âmes effarées aux éternels supplices de l'*enfer* pour une faute qui, pour grave qu'elle ait été, n'a duré qu'un moment ? Ce juge inique et cruel serait l'antithèse même du Divin et c'est le pire des blasphèmes que de vouloir forcer l'humanité à croire en ce sinistre Père Fouettard !

Ceux qui vivent dans les cercles les plus lourds et les plus sombres du monde spirituel se sont condamnés eux-mêmes à cet *enfer* qui, rassure-toi, n'est pas éternel. Il n'y a pas de pire juge que soi-même.

Certains êtres, parmi nous, ont pour mission d'aider ceux qui croupissent dans ces mondes obscurs que, sur terre, vous appelez l'*enfer*.

Ils tentent de leur faire prendre conscience de la lumière qu'ils ont refusée, de leur donner envie de cette félicité merveilleuse dans laquelle nous baignons, enfin ils travaillent à leur rédemption spirituelle. C'est une tâche difficile et ingrate qui demande une longue patience, une solide expérience et un immense amour.

ENSEIGNEMENT - ENSEIGNER

Il faut écouter la leçon des êtres de lumière dont la seule présence rayonnante est déjà un *enseignement*.

Des êtres très lumineux qui sont comme des livres vivants viennent nous *enseigner* comme le professeur à son élève. Mais c'est mieux que sur la terre, car ils ne t'apprennent que ce que tu as envie de savoir, que ce qui est — dans le moment présent — essentiel pour toi. C'est toi-même qui diriges ton propre *enseignement*... Ici, apprendre n'est pas une corvée, mais une nécessité joyeuse.

Ici pas d'*enseignement* triste, imposé !

Découvrir, étudier est un véritable bonheur.

Nous avons beaucoup à apprendre, nous aussi. L'*enseignement* est immédiat, direct, intérieur. Tout est jaillissant, lumineux, évident.

Une refonte totale de l'*enseignement* se prépare sur la terre. Ne soyez pas prisonniers des habitudes anciennes, ni des vieilles limitations.

Vos sociétés, encore très matérialistes, *enseignent* aux petits d'hommes, dès leurs premières années, à renier ce Dieu qui est en eux, à éteindre cette flamme qui les embrasait, à se mesurer à la matière et à se prendre au jeu vain des apparences.

J'apprends et découvre sans cesse des choses nouvelles. C'est merveilleux : un *enseignement* vrai, dont celui de la terre n'est qu'une piètre caricature.

Dans notre monde, étudier est une nécessité joyeuse... Et, à mon tour, je tente de t'*enseigner* un peu de ce que j'ai appris.

Je ne puis t'*enseigner* que ce que tu as déjà compris, que ce que tu es prête à recevoir, car c'est par soi-même toujours qu'on est initié.

L'*enseignement* ici est dispensé avec une entière liberté, un total bonheur.

Apprendre est, pour nous, une nécessité radieuse. Nous sommes avides de comprendre, et chaque découverte entraîne en notre être un éclatement joyeux de lumière.

***

TRANSCOMMUNICATION
(voix enregistrée)

*Question. — Quelle sorte d'***enseignement** *reçois-tu dans le monde spirituel ?*

Réponse. — Oh ! tout ! J'étudie, oui. C'est beau !

ÉPINES

Là où il y a des *épines*, les pas comptent double.

Tu ne peux retirer les *épines* du chemin de tes enfants et quand bien même tu le pourrais, il ne le faudrait pas.

Sur terre, il n'y a pas de roses sans *épines*, pas d'amour sans souffrances.

Il faudrait remercier pour les *épines* de ta route.

Ici, les *épines* ne blessent plus.

ÉPOQUE

Cette *époque* si bouleversée est passionnante, mais déroutante pour le plus grand nombre.

Voici venue l'*époque* des grandes révélations !

Les temps sont arrivés où chacun doit savoir.

Nous aidons, nous aussi, du plan de lumière où nous sommes. Il y a tant à faire dans une *époque* si dure, mais qui porte en elle les germes vivants de sa propre mutation.

Tu as été jetée sur la terre à une *époque* difficile pour mener à bien une mission. Sois courageuse !

Nombreux sont désormais les contacts entre les deux mondes, l'invisible et le visible, et ils le seront de plus en plus dans les années à venir. C'est pourquoi votre *époque*, par bien des côtés si difficile, est aussi une *époque* passionnante.

***

TRANSCOMMUNICATION
(voix enregistrée)

Question. — Peux-tu rencontrer dans le monde spirituel des personnes d'une autre **époque** *et qui ne sont pas encore revenues sur la terre ?*

Réponse. — Je peux les voir, bien sûr !

ÉPREUVE

Tu ne dois pas souffrir des *épreuves* que rencontrent ceux que tu aimes. Ces *épreuves* font partie de leur chemin de vie, elles sont ce qu'il y a de meilleur pour eux, même si c'est difficile, PARCE QUE c'est difficile.

L'*épreuve* permet d'avancer, si on réussit à la surmonter.

Donne à chaque *épreuve* son sens véritable qui est initiatique.

Vous avez accepté les *épreuves* terrestres avant de vous incarner. Mais, une fois prisonnier de votre vêtement de chair, vous oubliez cette acceptation. Alors, vous vous révoltez ou encore, vous vous brisez à ces *épreuves* auxquelles vous aviez consenti, car elles vous aident à évoluer. Si, au contraire, vous les abordez avec sérénité, c'est un grand pas vers la sagesse.

Notre liberté consiste à choisir ou du moins à accepter les *épreuves* qui parsèment nos chemins de vie.

Nulle *épreuve* n'est inutile.

Tu ne peux éviter à ceux que tu aimes les *épreuves* qui les font avancer.

Tout ce qui arrive à chaque être, oui, absolument tout, même les *épreuves* qui le blessent ou qui le révoltent, est ce qui, pour lui, pouvait arriver de meilleur, ce qui le mieux aide à son évolution. On le comprend dès qu'on arrive ici. Essaie de le vivre dès à présent et ainsi tu éloigneras de toi l'angoisse.

L'*épreuve* vous fait grandir, toujours.

De même que l'arbre accroît sa vigueur en résistant aux tempêtes, tu dois t'aguerrir en traversant les *épreuves*.

Je t'aide, tu sais, mais je ne puis te retirer les *épreuves*.

Il n'est pas d'*épreuve* qui ne nous conduise là où nous devons aller.

Les hommes ont trop souvent besoin d'*épreuves*, comme preuves de la permanence de cette présence qui les pousse vers le but qu'ils ont oublié et que, pourtant, ils s'étaient assigné.

Si tu remercies pour l'*épreuve* passée et que tu découvres combien elle a été pour toi riche et féconde, alors tu pourras avancer plus loin sur le chemin et progresser encore.

Réjouis-toi de l'*épreuve*.
Toujours, elle te conduit plus loin.

Les *épreuves* sont nécessaires pour vous arracher aux illusions de la matière pour vous remettre face à vous-mêmes.

Une *épreuve* acceptée est déjà dépassée.

Traverse les *épreuves*, comme le train le tunnel, pour déboucher dans la lumière et découvrir combien elle est bonne.
Toute *épreuve* est féconde, tout a un sens, un sens profond.

*
**

TRANSCOMMUNICATION
(voix enregistrée)

Question. — Le mal qu'on nous fait sur la terre, les ***épreuves*** *permettent-elles d'aller toujours plus loin ?*

Réponse. — Oh oui ! Je pense que oui.

ESPACE

Notre *espace* est le même. Mais nos vibrations sont plus subtiles, plus légères.

Ce que les chrétiens nomment le ciel, ce que les spiritualistes appellent l'astral n'est pas un *espace* supplémentaire. C'est une dimension vibratoire.

Où pourraient bien se situer ces montagnes, ces plages, ces forêts, ces maisons que décrivent les voyageurs de l'astral ? Dans quel *espace* seraient-elles ? Suspendues entre la terre et les étoiles ? Dans les nuages ? Dans les astres ? C'est insensé... Nul paysage fantastique, je te l'assure ne flotte dans le ciel, ni ne s'accroche aux nuages.

C'est dans votre *espace* que nous devons évoluer, grandir, accomplir cette difficile ascension de l'esprit qui nous ramènera, à la fin de notre périple, jusqu'au plan radieux où les vibrations approchent le plus de la vibration suprême, de la vibration divine.

Pour les êtres ayant achevé l'ascension sublime, l'*espace* n'existe pas davantage que le temps.

En toi est contenue l'infinité des mondes.

Le près, le loin, c'est la même chose.

Le monde où je suis se situe au-delà du temps et de l'*espace*, même s'il semble encore soumis à leurs lois.

L'*espace* n'existe pas davantage que le temps.

L'*espace* est infini et pourtant l'infini est entièrement contenu dans un point.

Comme vous, nous nous déplaçons, d'où l'illusion de l'*espace*.

***

TRANSCOMMUNICATION
(voix enregistrée)

Question. — Vous, les êtres invisibles, qui avez quitté votre corps physique, vivez-vous dans le même **espace** *que nous ?*

Réponse. — Oui, même **espace** que vous.

*Question. — Je sais que tu parcours l'***espace** *à la vitesse de la pensée, mais peux-tu être à plusieurs endroits à la fois ?*

Réponse. — Non.

ESPÉRANCE

Toute souffrance s'épanouit en *espérance.*

Fais naître l'*espérance* dans les cœurs de ceux qui doutent, de ceux qui pleurent.

Donner des raisons de croire, faire lever dans les âmes l'aube de l'*espérance,* telle est ta mission, sois-en sûre.

Soyez les croisés de l'*espérance,* les annonciateurs de la bonne nouvelle.

Laisse venir à toi les âmes errantes. Donne-leur un peu d'*espérance.*

Cette *espérance* que je te prodigue, tu dois la redistribuer : il y a tant de souffrances.

Écris des livres d'*espérance.* Tant d'êtres en ont besoin.

Quelle merveilleuse *espérance* pour tous, de savoir que la vie est infinie !

Un être sans *espérance* s'asphyxie.

Propage l'*espérance* comme le remède souverain à tant de souffrances.

ESPRIT

C'est l'*esprit* qui soutient la matière et non le contraire. Sans l'*esprit*, la matière tomberait en poussière.

L'*esprit* maintient la cohésion des atomes. L'*esprit* sous-tend toutes les vies et les rend possibles. S'il n'y avait pas l'*esprit*, tout s'écroulerait, même la matière.

Sans l'*esprit*, la matière ne serait pas, elle se désagrègerait. Sans l'*esprit*, il n'y aurait pas la vie, rien n'existerait.

Les matérialistes prennent l'apparence pour le réel, la coquille pour l'être.

Nos *esprits* vivent ensemble, frémissent ensemble et ensemble se réjouissent.

L'*esprit* prime, il préexiste au corps de chair et lui survit.

L'*esprit* souffle en tout lieu, à vous de le capter ou de vous laisser séduire par le jeu vain des apparences.

L'*esprit* est partout et sous-tend toute vie.

L'*esprit* préexiste à la matière, de la même manière qu'un projet précède sa réalisation.

La vie dans le monde physique est une projection de l'*esprit* dans la matière.

***

TRANSCOMMUNICATION
(voix enregistrée)

*Question. — Est-ce l'***esprit** *qui soutient la matière ?*

Réponse. — Oh oui ! Je le pense.

ESSENTIEL

Quand tu t'agites, tu oublies l'*essentiel.*

L'*essentiel,* c'est l'amour.

Tant d'hommes se distraient de l'*essentiel* en s'égarant vers de faux buts : possession, consommation, accumulation des richesses matérielles... À la fin, ils se retrouveront le cœur et l'âme vides.

Que d'êtres prisonniers du jeu des apparences !
Tu sais que l'*essentiel* est ailleurs.

Tout être dans l'immensité participe à l'*essentiel.*

Cet *essentiel* qui est peut-être l'essence du ciel.

Une certaine connaissance, un certain pouvoir, éloignent de l'*essentiel,* cet *essentiel* si simple et que seul le cœur peut aborder.

L'*essentiel* est vivant au cœur de toi.

Inutile de se disperser, de voyager, de s'agiter. C'est dans le silence et l'amour que tu peux découvrir l'*essentiel,* cet *essentiel* que tu portes en toi, lumière vivante et exigeante.

ÉTERNITÉ

Abandonne toute impatience : n'as-tu pas l'*éternité* ?

Fais de chaque instant un joyau unique, un fragment d'*éternité*.

À qui vit l'Éternité, le temps n'est plus obstacle.

Tout ce qui a été, existe pour l'*éternité*... Aussi ne te blesse pas aux souvenirs, quitte toute nostalgie.

Chacune de tes pensées, chacune de tes paroles, chacun de tes actes, s'inscrivent dans l'*éternité*.

Chaque minute est une parcelle d'*éternité*. Embrase-la et offre-la.

Je suis parti afin que ton message d'amour se teinte d'*éternité*.

Chacun doit prendre conscience de son *éternité*.

ÉTOILE

Au cœur de toi scintille l'*étoile*.

Les *étoiles* les plus lointaines sont contenues en toi.

La terre et les autres planètes et *étoiles* vivent, pensent, aiment et souffrent.

Désormais, je suis ton petit guide, ton enfant-*étoile*.

Ne te culpabilise pas sans cesse. Tu n'es pas responsable des pensées erronées qui sont celles encore de trop d'humains. Ceux qui refusent de contempler l'*étoile* n'enlèvent rien à son éclat.

*
**

TRANSCOMMUNICATION
(voix enregistrée)

Question. — As-tu voyagé vers d'autres **étoiles** *?*

Réponse. — Non maman, je reste sur la terre.

ÊTRE HUMAIN
ÊTRE VIVANT

L'*être humain* est à la fois rien et tout, quantité négligeable face à l'infini, il est aussi la merveille, puisqu'il contient le Divin. Vous êtes de vivants tabernacles.

Comme tu me le disais, chaque *être* est utile, indispensable et unique. Chacun, durant l'incarnation terrestre — et après — a sa place et tient son rôle, dans l'immense ballet de l'humanité. Aucune vie n'est inutile.

Il est des *êtres* merveilleux, tout d'amour et de bonté, qui rayonnent à travers leurs corps comme une lampe à travers son abat-jour. Ce sont ces *êtres* qui ont éclairé l'humanité à travers les siècles. Ils scintillent comme des étoiles dans un monde d'obscurité.

Certains *êtres* sont prédestinés à recevoir un enseignement, afin de devenir des instructeurs pour la terre.

Chaque *être* possède la totalité du réel.

C'est dur, la vie terrestre ; pourtant, vous avez la chance de rencontrer des *êtres* très beaux, animés par l'amour. Je dis la chance, mais, en fait, c'est la loi d'attraction : les *êtres* ayant des pensées pures s'attirent.

Sois à l'écoute de cet *être* conscient qui est en toi.

En chaque *être,* bien muré parfois, se cache un trésor.

Il est des *êtres* encore proches de l'animalité, des *êtres* dont le rôle sur la terre est de faire payer des karmas.

Ces *êtres* aux vibrations lourdes sont livrés à leurs instincts. Parmi eux, on recrute les tortionnaires de toutes sortes. En quittant leurs corps, ils ne perdent pas leurs pensées de haine et de violence et, comme dans notre monde la pensée est créatrice, ils sont entourés de monstres hideux, de visages grimaçants. Ce sont eux qui peuplent les cauchemars, eux qui aident les jeteurs de sort. À ces *êtres* de nuit, il faudra plusieurs existences pour se dégager de cette gangue épaisse.

Nombreux sont les *êtres* qui vous aident, afin que vous ne soyez pas broyés par ce monde si dur.

Au fond de chaque *être* scintille l'étoile.

Autour de tout *être* vivant ou inanimé, dansent des lueurs, chantent des mélodies... Écoute de toute ton âme et tu les entendras.

Un *être* plongé dans la vie matérielle est sans cesse aidé par des habitants du monde spirituel. La solitude n'existe pas.

Embrase les *êtres* que tu approches, embrase tout ce que tu touches.

Ceux qui, souvent depuis tant de siècles, hantent des demeures ou des châteaux sont des *êtres* en souffrance qui, ayant subi de violents traumatismes, n'arrivent pas à se détacher du plan terrestre. Il faut les y aider, ne pas regarder leurs manifestations comme pittoresques ou fantastiques, mais vouloir sincèrement délivrer ces *êtres* tourmentés. Vous le pouvez par la prière et aussi en parlant avec eux.

Parmi nous, certains ont même choisi cette mission. Mais ce n'est pas toujours facile, car ces *êtres* désespérés se ferment à nos vibrations et ne veulent rien entendre.

Il n'existe aucune cloison entre les *êtres,* car tous sont l'*Être.*

Les *êtres* querelleurs comprendront un jour. Ils reviendront s'incarner sur la terre et ceci jusqu'à ce qu'ils aient saisi la leçon.

Tout est, et pourtant tout devient, mais le devenir est contenu dans l'*être.* Le gland ne contient-il pas le chêne grandiose qu'il sera un jour ?

Nous rencontrons (dans le monde spirituel) des *êtres* qui sont ici depuis des siècles et d'autres qui viennent tout juste d'arriver et sont encore tout étonnés.

Êtres de peu de foi, *êtres* de peu de joie, ouvrez-vous à la vie !

Chaque *être* est précieux, chaque vie est utile. Tout ce qui existe forme une vaste symphonie, et les notes discordantes sont là pour vous forcer à avancer.

Tout tient dans l'instant présent. Chaque *être* contient intégralement son devenir, ainsi les *êtres* de violence sont déjà des *êtres* d'espérance, puisque le temps n'est qu'une illusion.

*
**

TRANSCOMMUNICATION
(voix enregistrée)

Question. — Rencontres-tu des **êtres** *ayant vécu sur terre dans un passé lointain et qui ne se sont pas encore réincarnés ?*

Réponse. — Oui, bien sûr !

ÉVOLUER - ÉVOLUTION

Les mondes *évoluent* comme les hommes. Tout change pour le meilleur. Tout est aspiré vers Dieu.

L'*évolution* est intérieure. Ce n'est pas en se déplaçant qu'on *évolue*, c'est en s'affinant, en allégeant ses vibrations, en gravissant des échelons spirituels dans cette dimension qui nous est propre.

C'est vrai sur terre aussi. C'est pourquoi les moines, chrétiens ou bouddhistes, ont choisi la retraite.

Les niveaux d'*évolution* des humains sur la terre sont très divers, chacun nécessite donc une nourriture différente.

Tout ce que vous vivez — même vos épreuves — concourt à votre *évolution* et vous conduit à un plus haut degré de compréhension et d'amour.

Nul ne peut *évoluer* à votre place.

Cette *évolution* sublime vers le Divin, cette réalisation suprême de l'être, ne peuvent malheureusement s'accomplir sans redescendre plusieurs fois sur la terre, afin que de mettre en application ce qu'on a appris et compris ici.

Ne crois pas que tu retardes en rien mon *évolution* !... L'*évolution* n'est pas une course automobile, nous ne courons pas après le temps. Ce que vous croyez une halte est pour nous la respiration même de l'amour, et vous aimer, vous aider est notre mission.

L'*évolution* est personnelle et elle demande un long et soutenu effort.

Si tu comprends vraiment la loi de l'*évolution*, remercie pour l'épreuve.

Si tu *évolues*, le monde entier *évolue* avec toi.

Tout être est riche de sa future *évolution*, comme la graine de sa future éclosion.

Le présent de chacun contient déjà son avenir, comme le gland contient le chêne. Tout *évolue* et pourtant, tout est déjà, totalement et dès maintenant.

Celui-ci *évolue* qui comprend que les difficultés rencontrées, ne sont que des défis, lui permettant, sans cesse, de se dépasser. La souffrance en rendant possible l'*évolution*, conduit chacun vers son propre accomplissement.

Tu es poussée toujours plus loin à travers tant de bouleversements, vers ce ciel qui est en toi et que tu aspires depuis toujours à retrouver : c'est cela l'*évolution*.

Le but de ce passage vers une nouvelle ère, c'est l'*évolution* intérieure, la transformation de chaque humain. Il ne faut pas vous égarer ni gaspiller vos énergies, ni vous disperser en suivant ces voies fantaisistes et illusoires qui vous sont proposées comme autant de tentations et d'appels à la facilité.

Ne t'éparpille pas. Trop de gens qui cherchent sincèrement sont tirés à hue et à dia en ce moment, à cause de tant de théories qui, parfois, se contredisent, de tous ces cercles, de tous ces séminaires — et ne parlons pas de la prolifération des sectes — qui les dispersent, alors qu'au contraire, l'important est de retrouver l'unité, la paix et la concentration nécessaires à la recherche intérieure. L'*évolution* est à ce prix.

Un déménagement, un changement de décor pour un être incarné correspondent à un nouveau chapitre de sa vie, à une *évolution* vers davantage de perfection. Dans chaque demeure, vous laissez une vieille peau. Vous allez pas de là exactement où vous devez être, même si parfois vous n'êtes pas prêts à affronter ces bouleversements (songe aux émigrés, aux proscrits).

Si l'*évolution* matérielle de l'homme ne va pas de pair avec son *évolution* spirituelle, il n'y a pas de progrès.

Tout ce qui existe dans la création suit cette loi cosmique de l'*évolution*. Tout *évolue*, les astres et les hommes.

Non, maman, tu ne me retiens pas, tu ne nuis pas à mon *évolution* en communiquant avec moi. Au contraire, c'est en t'aidant, en vous aidant tous, que j'*évolue*.

Plus on *évolue* spirituellement, plus notre taux vibratoire s'affine.

Oui, il y a *évolution*, mais elle se situe sur cette autre dimension que tu as tellement de mal à imaginer, car tu l'as oubliée.

Les êtres de lumière veillent sur l'*évolution* de la terre. Confiance !

⁂

TRANSCOMMUNICATION
(voix enregistrée)

Question. — Pouvons-nous entraver votre **évolution** *en communiquant avec vous, comme l'affirment certaines personnes ? Qu'en penses-tu ?*

Réponse. — Ce n'est pas vrai.

Question. — En **évoluant** *sur la terre moi, qui suis tellement liée à toi, est-ce que je t'aide à* évoluer *sur le plan spirituel ?*

Réponse. — Oh ! oui ! (très net.)

Question. — As-tu gardé tes défauts terrestres ou ont-ils disparu ?

Réponse. — Oui, c'est disparu. Nous vivons ici l'**évolution**.

EXTRATERRESTRES

Les *extraterrestres* existent bien sûr. Pourquoi la terre serait-elle la seule planète habitée dans l'infinité des mondes ? Mais chaque planète a son propre plan spirituel, comme chaque être a sa propre aura.

***

TRANSCOMMUNICATION
(voix enregistrée)

Question. — Les **extraterrestres** *existent-ils ?*

Réponse. — Oh oui ! ils existent.

Question. — Peux-tu rencontrer les **extraterrestres** *?*

Réponse. — Oui, je le peux.

Question. — Après leur mort physique, les **extraterrestres** *vivent-ils dans le même monde spirituel que les habitants de la terre ?*

Réponse. — Non.

F

FARDEAU

Déposez le soir, à nos pieds, le *fardeau* de vos journées.

Décharge-toi de ton *fardeau*. C'est moi qui le porte désormais.

Accepte allègrement de soulever les *fardeaux* que tu t'es toi-même imposés et tu seras surprise de leur soudaine légèreté.

Sache qu'on ne te donne à porter que ce que tu peux supporter, que le *fardeau* sous lequel il ploie est adapté à chacun.

Un *fardeau* partagé perd de son poids.

Et trop souvent celui qui marche chargé du lourd *fardeau* de la matière, oublie cette aile ouverte en lui, cette liberté, cette beauté.

Et le poids, soudain, t'est enlevé du *fardeau* que tu portes pour les autres.

Nul *fardeau* ne doit te rebuter, nulle épreuve te décourager. Tout est pour le mieux, toujours.

FLAMME

La *flamme* se suffit à elle-même (1), elle se contente d'éclairer, de réchauffer.

Rayonne l'amour. Cesse de souffrir du monde.

Sois la *flamme* vivante de ce foyer. Si le feu ne chauffe plus, si le feu n'éclaire plus, tous sont dans le froid et dans la nuit. Rayonne.

De tout temps ceux qui transmettent la *flamme* ont été en butte à la dérision.

Dieu, c'est cette *flamme* qui chante en toi.

La *flamme* se suffit à elle-même (1), et là où elle embrase, la nuit n'est plus.

Allume la *flamme* qui dort en chaque être, c'est le meilleur moyen de lutter contre l'erreur et contre l'horreur.

Il nous faudra devenir *flamme* pure, afin de nous fondre un jour enfin dans le feu divin.

---

(1) L'expression est identique, alors que les messages ont été reçus à de longs mois d'intervalle.

FRONTIÈRE

Ne cherche pas la *frontière* entre le monde physique et le monde spirituel. Tu ne la trouveras pas : il n'y en a pas.

Ici, il n'y a plus de *frontières*, plus de séparation, plus de limitation, plus d'opposition.

Seul l'amour rompra les *frontières*.

Il n'y a pas de *frontière* entre nos plans. Si vous souhaitez par amour, communiquer avec un être invisible, il n'y a pas d'obstacle à cela... Alors, tout devient possible...

Un jour viendra où cette *frontière* illusoire entre les deux mondes n'aura plus aucune réalité, où chaque humain pourra sentir et voir notre monde, où notre existence sera non seulement prouvée par les savants, mais palpable.

Ce jour approche, réjouis-toi.

Là où il y a la souffrance, mets l'espérance ; là où il y a *frontière*, appelle à l'union.

Les véritables *frontières* sont en vous ; c'est vous-mêmes qui vous bâillonnez, vous-mêmes qui vous limitez et vous emprisonnez.

Oui, elle viendra cette terre sans *frontières* où il fera bon vivre, où il fera bon aimer.

G

GRÂCE

Il faudra que tu arrives à rendre *grâce* pour mon départ qui, en fait, est une arrivée dans l'éblouissement.

Ce contact, c'est une *grâce* pour toi, comme pour moi.

Rendez *grâce* pour tout ce qui vous blesse, pour tout ce qui vous contrarie, car cela même, qui semble vous éloigner du but vous en rapproche.

Notre merveilleuse communication est un privilège, une *grâce*.

« Tout est *grâce* », disait la petite Thérèse de Lisieux, phrase que tu nous répétais, te souviens-tu ? Désormais, il faut la vivre, car une épreuve acceptée, disparaît.

GRAINE

Aucune *graine* semée ne se perd.

Il n'est pas de *graine* qui ne donne un jour naissance à une fleur. Si ce n'est pas dans cette existence, ce sera dans la prochaine.

Continue à semer sans te soucier où tombent les *graines*. Elles savent à quelles floraisons elles sont appelées.

Que de *graines* semées, quelles belles moissons futures !

Répands à profusion les *graines* du nouveau monde.

Donne, donne gratuitement, largement, sans attendre de récompense ou d'approbation, sans orgueil aussi.

La *graine* est riche de la plante future. Sème allègrement, avec confiance et l'avenir tiendra ses promesses.

Il faut répandre le meilleur comme le semeur ses *graines*.

GUERRE

Le passé et l'avenir doivent nécessairement s'affronter... Les événements ne sont que la partie visible de la lutte de forces antagonistes qui sont aussi présentes en chaque homme.

Si chacun fait la paix en soi, la *guerre* disparaîtra d'elle-même.

Ton rôle n'est point de t'occuper de la *guerre*, mais d'annoncer la paix future, non point de t'angoisser, mais d'apaiser.

Sois positive, sereine, regarde toutes les fantasmagories de la vie terrestre (car la *guerre* est, elle aussi, un jeu d'ombres et d'illusions) avec l'œil tranquille du sage.

Chaque être humain est responsable de la *guerre* qui tue au loin.

Face à la *guerre*, ose affirmer la paix.

La terre crève des abcès pour en extraire le pus et les miasmes mauvais. Ainsi naissent les *guerres*, les conflits.

Oui, la *guerre* disparaîtra, sois-en sûre. Mais il faudra encore attendre quelque temps, que toutes les consciences soient éveillées et qu'elles comprennent le sens profond de l'existence.

Au mal ne répondez pas par le mal, mais par l'amour. La *guerre* contre la *guerre*, c'est encore la *guerre*. La vieille mentalité doit disparaître, cette loi du talion qui a fait tant de mal.

Soyez déjà de plain-pied avec ce monde qui se prépare, d'où seront bannies la *guerre*, la violence et où l'homme cessera d'être un loup pour l'homme.

Les *guerres* sont les maladies de la terre, il est sain et salutaire que les pustules éclatent, afin que le pus puisse sortir. En cette fin de siècle, en cette fin d'une ère, le fanatisme montre toujours son visage odieux. Certains hommes ont besoin pour se sécuriser de dogmes, de lois, de codes et de là à maudire, exclure et haïr, ceux qui ne pensent pas comme eux, il n'y a qu'un pas, un pas trop souvent franchi au cours de l'histoire.

Songe aux *guerres* de religion. Ces hommes du vieux monde sont encore tout pétris de violence, d'horreur et d'erreur. Mais ils comprendront eux aussi, un jour.

Les *guerres* ne sont que la partie visible de la lutte de forces souterraines : celles qui sont encore attachées à un passé obscurantiste contre les forces nouvelles qui réclament la lumière. À un moindre degré, ces forces antagonistes sont présentes en chaque homme. Si chacun fait la paix en soi, les *guerres* disparaîtront de la terre.

Un jour, la terre cessera enfin de produire des êtres tout pétris de violence.

Elle se haussera d'un degré dans l'échelle spirituelle. Mais cette prodigieuse révolution suppose des purifications, des cautérisations.

Apaise les êtres autour de toi, car cette *guerre* du Golfe fait resurgir de vieilles peurs qu'on croyait oubliées et qui n'étaient qu'enfouies.

Ne te soucie pas de la *guerre*, rayonne la paix.

Certains hommes ne sont pas encore prêts à une conception ouverte du Divin. Ils ont besoin pour se sécuriser de dogmes, de lois, de codes et d'interdits. Pour se croire détenteurs de la vérité, il leur faut maudire et exclure tout ceux qui ne pensent pas comme eux.

De là naissent l'intolérance, le fanatisme, la division, la *guerre*.

Ces hommes du passé, ces hommes du vieux monde doivent, eux aussi, comprendre. L'évolution de la planète est à ce prix. Malheur à celui qui dit :

— Ma religion est la seule vraie, mon chemin spirituel est l'unique qui puisse conduire à Dieu ! Non seulement, il fait fausse route, mais il est dangereux pour ses semblables.

***

TRANSCOMMUNICATION
(voix enregistrée)

Question. — Est-ce que la guerre *disparaîtra un jour de la planète terre ?*

Réponse. — Oh ! je pense que oui !

GUIDE - GUIDER

Laisse-toi *guider* — et *guide* à ton tour.
Je suis ton petit *guide*, aimant et fidèle.
Abandonne-toi, laisse-toi *guider*, sois sereine, confiante et apaisée.
Laisse-moi te *guider* dans cette semi-obscurité de la terre.

***

TRANSCOMMUNICATION
(voix enregistrée)

Question. — As-tu près de toi des guides *spirituels ?*

Réponse. — Oh ! beaucoup, ils sont nombreux.

Question. — Un être spirituel peut-il être à la fois guide *dans le monde invisible et sur la terre ? Un être désincarné et un être incarné peuvent-ils avoir le même* guide *?*

Réponse. — Oui, je pense.

Question. — Une personne peut-elle, durant sa vie terrestre, changer de guide *à mesure qu'elle évolue ?*

Réponse. — Non, je ne crois pas que ce soit possible.

H

HABILLER - HABIT

Ici on s'*habille* à sa guise. J'aime les longues robes de lumière qui nous enveloppent d'une douce clarté. Les *habits* spirituels ne se salissent pas, ne se déchirent pas. Ils sont radiants. Mais lorsque nous apparaissons sur une photo de la terre ou sur un écran de télévision, bien sûr, nous reprenons nos *habits* et nos caractéristiques familiers qui peuvent vous permettre de nous identifier.

Le corps physique est l'*habit* de l'esprit, mais un *habit* vivant et qui doit affiner ses vibrations afin de se mettre au diapason du spirituel.

Les tombeaux ne contiennent que des *habits* déchirés ou usés.

Nous restons des humains comme vous, même si nous avons quitté notre *habit* de chair. Nous ne sommes pas de purs esprits.

***

TRANSCOMMUNICATION
(voix enregistrée)

Question. — As-tu gardé tes habits *de la terre ?*

Réponse. — Non.

Question. — Es-tu vêtu d'une robe spirituelle ?

Réponse. — Oh oui ! C'est beau.

HAINE

Celui qui est rempli de *haine*, c'est celui qui a perdu le sentiment de l'Unité.

La *haine* est prompte à diviser, à condamner, à opposer, alors que tout est un.

C'est la *haine* qui alimente la médisance, la calomnie, tant de ragots futiles et inutiles, alors qu'en tout être, il faudrait toujours chercher la lumière.

L'amour construit ; la *haine* détruit.

Regarde autour de toi : l'amour et la beauté occupent plus de place que la *haine*, mais on les met en retrait et c'est, hélas ! la *haine* et la laideur qu'on étale à la une des journaux, à la radio, à la télévision. Quand ceci changera, quand la *haine* et la violence n'envahiront plus les informations, mais qu'on proclamera tout ce qui se vit de constructif et de beau, alors réjouis-toi, car la terre sera sur le point de changer.

*
**

TRANSCOMMUNICATION
(voix enregistrée)

Question. — Avoir de la **haine** *pour son semblable, est-ce avoir oublié l'essentielle Unité ?*

Réponse. — Oh oui !

Question. — La **haine** *ou l'indifférence de ceux que vous avez aimés sur la terre peut-elle encore vous atteindre, vous faire mal ?*

Réponse. — Oui, maman.

HARMONIE

Ici, nous découvrons l'*harmonie*, cette *harmonie* que trop de cris, trop de tumulte, vous empêchent d'apercevoir sous les apparences agitées et agressives de votre vie sur la terre.

Pourtant, l'*harmonie* sous-tend tout. Et elle est en Vous.

En dépit des apparences, de la violence, de la souffrance, tout est justice, tout est *harmonie*, mais une *harmonie* cachée.

Tout est *harmonie* autour de moi, une *harmonie* radieuse...

Oh ! que c'est beau, cette *harmonie* des êtres ! (dans le monde spirituel.)

Ici, toutes les âmes sont en *harmonie*, alors que sur la terre tout le monde est lâché ensemble : les loups et les moutons.

Nous vivons tous dans une *harmonie* belle et simple, qu'il vous est difficile d'imaginer.

*
**

TRANSCOMMUNICATION
(voix enregistrée)

Question. — Tout, malgré les apparences, est-il **harmonie** *sur la terre ?*

Réponse. — Oh oui ! Je le pense.

Question. — Est-ce notre ignorance qui nous empêche de prendre conscience de cette essentielle **harmonie** *?*

Réponse. — Oui.

*Question. — Es-tu entouré de beauté et d'***harmonie** *?*

Réponse. — Dans l'**harmonie**, nous vivons.

HASARD

Le *hasard* n'existe pas et tu le sais.

Ce que vous appelez *hasard* est l'ignorance de nos lois.

Il n'est pas de *hasard* : tout est voulu.

Tout se noue et se dénoue suivant des lois qui vous échappent. Ce que vous appelez *hasard*, c'est l'aveu de la méconnaissance de ces lois.

***

TRANSCOMMUNICATION
(voix enregistrée)

Question. — Le **hasard** *existe-t-il ?*

Réponse. — Oh ! je ne pense pas.

HAUT

Élève ton âme, que tes pensées convergent vers le *haut*.

Nous ne sommes pas en *haut* et vous en bas. Nous sommes ensemble, mais sur des niveaux vibratoires différents.

Quand vous dites que nous sommes en *haut*, c'est vrai. Nous sommes en *haut* dans l'esprit, mais pas dans l'espace. Ne nous cherchez pas dans les nuages, nous n'y sommes pas.

Que votre idéal soit *haut* et beau !

Ne vous laissez ni amoindrir, ni abêtir. *Haut* les âmes et les cœurs !

***

TRANSCOMMUNICATION
(voix enregistrée)

Question. — Où es-tu mon enfant ? Es-tu en **haut** *?*

Réponse. — Je suis tout près de toi.

HOMME - HOMME NOUVEAU

Le *nouvel homme* aura soif de l'esprit : il connaîtra la vie ascensionnée avant même de déposer son corps terrestre.

Un monde sans violence se prépare où l'*homme* cessera d'être un loup pour l'*homme*.

L'*homme* de demain aura conscience de sa divinité.

L'*homme nouveau* saura vraiment ce que vivre veut dire. Au lieu de souffrir, de subir, il aura totalement conscience de ses missions.

Le *nouvel homme* se saura immortel et divin.

L'*homme* moderne a multiplié les moyens de communication, il a réussi à vaincre la distance et pourtant, il n'a pas trouvé la paix, car il se disperse trop et s'agite sans cesse.

Il vous faut combattre en vous le vieil *homme* égoïste, cupide, violent, vindicatif, pour permettre à l'*homme nouveau* de naître.

Ce que sera cet *homme,* plus spirituel, plus sensible, plus aimant, sachant capter nos vibrations, adorant Dieu en dehors de toutes les barrières des dogmes, des rites, des doctrines antagonistes, vous ne pouvez pas encore l'imaginer.

La chenille porte en elle le papillon et le pressent, mais elle ne s'en fait aucune image précise avant la sublime métamorphose.

L'évolution de la planète ne se fera pas sans l'*homme*. C'est pourquoi, il est essentiel d'éveiller les consciences.

L'*homme nouveau* retrouvera toutes les facultés enfouies en lui : il redécouvrira l'intuition qui est divine, percevra les auras, communiquera avec nos plans de lumière.

L'*homme* est une flûte qui doit jouer la partition divine. Faites le silence en vous pour que le Divin compositeur puisse s'exprimer à travers vous.

L'*homme nouveau* saura aider ses frères. Il leur apprendra à découvrir en eux leur divinité. Il lira directement dans les pensées de ceux qui l'entourent et pourra les comprendre sans avoir besoin du truchement de la parole.

L'*Homme* va naître de l'*homme*.

Réjouissez-vous ! Aidez à cette transmutation, à cette transfiguration sublime, afin que cette humanité régénérée retrouve la conscience de sa divinité et que les mondes (le visible et l'invisible) puissent communiquer en un fécond amour.

Laisse se désagréger la vieille peau, se désintégrer en toi le vieil *homme*, ne résiste pas, accepte cette sublime alchimie afin d'aider à la naissance de la nouvelle matière, de la nouvelle conscience et que, de toi, jaillisse enfin l'*homme nouveau*.

De cette sublime métamorphose, naîtra l'*homme nouveau*.

Coexistent en ce moment sur la terre le vieil *homme* belliqueux et violent — c'est pourquoi subsistent tant de guerres fratricides — et l'*homme nouveau* tout occupé à préparer la nouvelle vie, à propager la nouvelle conscience.

Si tous les *hommes* comprenaient nos messages, le vieux monde n'existerait plus.

Les sociétés matérialistes se chargent de déformer les *hommes* et de les éloigner des vraies valeurs. Mais, pour les meilleurs, un jour, la gangue s'effritera et le diamant jaillira, beau et pur. Pour les autres, la vie se chargera à coup d'épreuves de les faire avancer.

Tu voudrais que les *hommes* soient couleur de tes rêves, parfaits, remplis d'amour, d'absolu, d'idéal. Il en est, mais le plus grand nombre encore, hurle avec les loups. C'est tellement plus facile de revêtir l'uniforme de la bêtise que d'oser être soi-même. Ne perds pas ta foi, ta joie, à cause de ceux qui s'enlisent dans la médiocrité.

L'*homme* doit réapprendre à découvrir sa valeur, sa beauté ; il doit retrouver sa divinité cachée.

HORIZON

Je t'accompagne désormais vers des *horizons* sublimes. Laisse-toi porter et tu seras éblouie.

Regarde, là-bas, derrière l'*horizon*, une nouvelle humanité se lève qui enfantera de nouveaux songes.

L'*horizon* n'est pas une frontière, il est une promesse.

À l'*horizon* se profilent déjà, ces temps nouveaux dont vous rêvez.

Élargissez vos *horizons* ! Que vos rêves soient sublimes afin que la nouvelle réalité puisse éclore !

HUGO Victor

Victor Hugo est dans cette sphère de lumière et de beauté qu'il partage avec d'autres initiés.

Victor Hugo vient souvent près de toi quand tu écris. N'en doute pas.

Il est des êtres, tel *Victor Hugo*, qui s'incarnent pour « montrer l'aurore au genre humain ». Ces êtres se reconnaissent à leurs yeux pleins de lumière.

Victor Hugo t'accompagne et te guide.

Quand on lit *Victor Hugo*, on doit dépasser la forme, aussi belle soit-elle, pour pénétrer au cœur vivant de ce message de feu. Cet homme savait.

Le temps n'est pas, donc le Nouvel Âge existe déjà !... C'est pourquoi des initiés, comme *Victor Hugo*, pouvaient le pressentir, l'appeler et le chanter.

Tout être contient son devenir. Souviens-toi du vers de *Victor Hugo* :

« La créature abjecte un jour sera sublime ».

Oui, tout et tous évoluent vers la lumière. Nul ne se perd en route, jamais.

Vous allez là exactement où vous devez aller, même si parfois, vous n'êtes pas prêts (songe aux proscrits obligés de fuir leur pays). Pourtant, sans l'exil, *Victor Hugo* n'aurait jamais pu écrire cette œuvre de géant. Tout est toujours pour le mieux.

Durant sa vie terrestre, *Victor Hugo* a pénétré beaucoup des secrets du monde spirituel. Ce sont là les intuitions fulgurantes du génie.

⁂

TRANSCOMMUNICATION
(voix enregistrée)

Question. — Vois-tu **Victor Hugo** *?*

Réponse. — Je le rencontre souvent.

Question. — Peux-tu voir **Victor Hugo** *?*

Réponse. — Je le vois, oui.

Question. — Quand tu l'appelles, vois-tu **Victor Hugo** *?*

Réponse. — Oui, bien sûr ! (réponse très nette.)

Question. — **Victor Hugo** *a-t-il besoin de se réincarner, de revenir encore une fois sur la terre ?*

Réponse. — Non (très clair.)

Question. — Parle-moi de **Victor Hugo** *? Est-il beau, rayonnant ?*

Réponse. — Oh oui ! Il est très beau, **Victor Hugo**.

Question. — Nous rend-il parfois visite ?

Réponse. — Il est souvent ici, **Victor Hugo**.

Question. — **Victor Hugo** *vient-il quelquefois me voir ?*

Réponse. — Il est souvent près de toi, **Victor Hugo**.

Question. — **Victor Hugo***, que je considère comme mon père spirituel, est-il content de moi, de ce que j'ai fait de ma vie jusqu'à présent ?*

Réponse. — Oh oui ! je pense. Il t'aide, *Victor Hugo.*

Question. — **Victor Hugo** *pourra-t-il un jour enregistrer quelques mots dans une cassette ou ses vibrations sont-elles trop subtiles ?*

Réponse. — Je ne pense pas qu'il puisse, non.

Question. — Êtes-vous nombreux à m'aider ?

Réponse. — **Victor Hugo** *te guide. Il te donne la force de mener ta mission jusqu'au bout.*

Question. — Est-ce que parfois la nuit, en rêve, je rencontre **Victor Hugo** *?*

Réponse. — Oui, quand c'est urgent.

HUMANITÉ

L'*humanité* grandit.

L'*humanité* adolescente niait les valeurs de son enfance et en particulier, ses certitudes spirituelles. Elle s'apprête à atteindre enfin l'âge adulte et à retrouver ses raisons d'espérer.

L'*humanité* va bientôt subir une prodigieuse mutation, telle qu'elle n'en a jamais connu encore durant toute son histoire.

Une nouvelle *humanité* se lève, plus exigeante, plus rayonnante.

Le racisme disparaîtra. L'*humanité* comprendra sa diversité et s'en réjouira. Elle deviendra enfin adulte au meilleur sens de ce terme.

L'*humanité* future maîtrisera la télépathie, elle lira dans les auras. Alors les faux-semblants, les mensonges, l'hypocrisie disparaîtront.

L'*humanité* nouvelle sera vraie et fraternelle. Elle aura compris son unité et son origine divine. Elle sera heureuse.

L'*homme nouveau* marche vers la lumière, malgré les soubresauts qui secouent la terre en ce moment.

Une *humanité* plus belle, plus aimante, plus sensible et plus sage est en train de naître, qui captera les énergies cosmiques et communiquera avec les sphères invisibles.

L'*humanité* avance vers une gigantesque prise de conscience et, pour aider à cette mutation, partout dans le monde, des êtres du monde spirituel sont invités à se manifester.

La vie sur la terre sera difficile encore quelque temps, mais ensuite l'*humanité* prendra son destin en mains.

L'*humanité* a progressé lentement. Elle a mis longtemps à sortir de son enfance, de ses peurs, de ses superstitions.

Son adolescence a été tumultueuse et violente. Elle s'apprête enfin à aborder l'âge adulte et à dépasser ses passions, au profit d'un sincère désir de connaissance, de compréhension et de communication.

L'*humanité* se prépare à émerger enfin d'une adolescence tapageuse, mais son passage à l'âge adulte ne se fera pas sans difficultés, ni sans soubresauts.

I

ILLUSION - ILLUSOIRE

Ce cortège d'*illusions* que vous prenez pour l'existence, des *illusions* dont vous êtes dupes comme l'alouette du miroir...

Comment continuer à convoiter d'*illusoires* richesses quand on a découvert l'essentiel ?

Nous qui avons retrouvé le vrai regard, nous sommes là pour vous protéger et vous aider à démystifier ce monde *illusoire*.

Tu me retrouveras dans l'au-delà et tu découvriras alors combien, tout ce que tu as vécu en attendant ce moment radieux des retrouvailles, était *illusion*.

Tu jettes désormais sur la terre le regard sans *illusion* de ceux qui savent que la vraie vie est ailleurs.

Votre moi superficiel est *illusoire*, n'existe pas ; seule EST la partie divine de vous.

La matière n'est qu'une *illusion* qui masque les vraies réalités.

C'est de cette *illusion* de la séparation que découlent tant de maux et d'incompréhension.

Seul l'amour est. Seule la lumière est. Tout le reste est *illusion*.

La terre vit dans l'*illusion*, emprisonnée par des dimensions qui sont imaginaires.

Tout, sur terre, n'est qu'un jeu d'*illusions* et le plus grand nombre en est victime.

Pour ces *illusions* qu'ils prennent pour la réalité, tant de gens, hélas ! Tuent, torturent, détruisent et se détruisent.

Ne te détourne pas de l'essentiel, ne te laisse pas distraire par les *illusions* de la terre.

Vous êtes prisonniers tant que vous possédez un corps physique, des lois, de la matière et de ses *illusions*.

Le ciel est au cœur de chaque être. Comment continuer à convoiter d'*illusoires* richesses quand on a découvert l'essentiel ?

⁂

TRANSCOMMUNICATION
(voix enregistrée)

*Question. — Sommes-nous au cœur de l'***illusion** *nous qui sommes encore prisonniers de nos corps terrestres ?*

Réponse. — Bien sûr !

IMMENSITÉ - IMMENSE

L'*immensité* est contenue dans ce qui est le plus petit. L'atome contient les soleils.

L'amour ici est *immense*, sans fin, illimité ; il est joie et plénitude.

Le cœur d'un papillon palpite au cœur de l'*immensité*.

Immense est notre bonheur et nous voudrions le déverser sur vous en pluie de félicité.

Nous vous aimons *immensément*, infiniment.

IMMORTALITÉ - IMMORTEL

Si les hommes se savent *immortels*, s'ils comprennent qu'ils n'habitent que quelques années ce corps de matière, ils élèveront leur esprit au-dessus des mesquineries et de tous les désirs de possession — et la face de la terre en sera changée.

Chaque être, même le plus matériel, porte en lui, la conscience de son *immortalité*.

Tu dois annoncer à tes frères la bonne nouvelle : ils sont *immortels* !

Le corps de chair tombe en poussière, le corps de lumière lui est *immortel*.

La mort ne détruit que ce qui est périssable, notre enveloppe. Notre moi profond est *immortel*.

Quand ils comprendront qu'ils sont *immortels*, les humains découvriront que seul l'amour est.

Il faudrait que chaque être prenne conscience de son *immortalité* et, une fois écartée cette peur de la mort, que chacun travaille à retrouver en lui le lotus d'or.

INCARNATION - INCARNER

Ici, on vit la vraie vie... Donc s'*incarner* semble une folie inutile.

Pourtant, c'est une épreuve inévitable.

La vie terrestre, c'est un examen. C'est là que, ce que tu as appris, ce que tu as compris, doit être expérimenté.

La vie sur terre sert à nous tester. L'*incarnation* est nécessaire.

C'est une nécessité de descendre parfois dans un corps, comme pour l'élève, c'est une nécessité de passer un examen. Mais cette descente nous fait très peur. Seuls quelques êtres très terriens, si je puis dire, désirent s'*incarner* de nouveau.

Nous ne redescendons qu'avec notre consentement.

C'est nous-mêmes qui choisissons le jour et l'heure de l'examen. Rien n'est imposé.

Plus ça ira et moins les hommes oublieront ce qu'ils ont vécu dans ce monde. Les nouveaux *incarnés* seront plein de sagesse — et c'est ainsi que la terre pourra se transformer.

La vie terrestre est un stage et un examen. Mais beaucoup en s'*incarnant,* hélas ! oublient le sens sacré de la vie.

Chaque *incarnation* doit être un progrès sur la précédente.

On ne peut atteindre les degrés supérieurs de l'au-delà, qu'en revenant, de temps en temps, se confronter avec la terre, afin de mettre à l'épreuve ce qu'on a appris, ce qu'on a compris... Tout ceci t'explique l'importance de l'*incarnation* terrestre. C'est simple, mais c'est trop méconnu.

À ceux qui s'égarent en chemin, un examen de rattrapage est proposé. Ils reviendront plus souvent s'*incarner* sur la terre et ceci jusqu'à ce qu'ils aient enfin saisi la leçon.

INDIFFÉRENCE

L'*indifférence* fait mal, même dans notre monde.

Regarde tout en spectatrice, sans *indifférence*, avec amour et bienveillance, sans trop t'impliquer non plus.

Ce n'est pas l'amour que vous nous portez, c'est votre *indifférence* qui peut ralentir nos évolutions, car ceux qui découvrent ici l'*indifférence* de ceux qu'ils ont aimés en souffrent. Or, dans notre monde, toute souffrance retarde l'évolution.

*
**

TRANSCOMMUNICATION
(voix enregistrée)

*Question. — Souffrez-vous encore de l'***indifférence** *et de l'oubli des êtres que vous avez aimés ?*

Réponse. — Nous en souffrons.

INFINI

Chaque être contient l'*infini*.

Vous êtes au cœur de l'*infini*, au cœur de l'Éternité. Le ciel est où vous êtes.

Crois en la dimension *infinie* de ta vie, de toute vie.

J'embrasse l'*infini* et pourtant je suis ici, tout près.

L'*infini* est contenu dans l'atome.

Je découvre de plus en plus de choses, c'est fabuleux et c'est *infini*. Notre soif est ardente et elle ne prendra jamais fin.

Oui, maman, l'amour, le vrai, s'*infinit*. Loin de mourir quand vos aimés changent de dimension, il grandit.

INVISIBLE

Nous ne sommes pas *invisibles*, c'est vous qui ne nous voyez pas. Les aveugles, ce sont vous.

Non seulement je perçois ceux qui ont un corps matériel, mais aussi ceux qui l'ont quitté comme moi.

C'est nous qui voyons vraiment, ce n'est pas vous.

Je suis là, *invisible* pour vos yeux de chair, mais, si présent, si aimant, et si désireux de vous protéger.

Vos stylos sont souvent manipulés par des êtres *invisibles*.

Les *invisibles* si nombreux, qui vous aident à faire naître la nouvelle ère, sont des êtres apaisés, baignant dans la beauté et la lumière.

Cette communion avec l'*invisible*, tu dois la partager. C'est essentiel.

Toi aussi, tu vis dans l'*invisible*, près de moi, avec moi.

Des êtres, pour toi *invisibles*, sont là qui t'aident, qui t'aiment et qui t'épaulent.

Chaque plan de notre monde est *invisible* à ceux qui vivent sur le plan inférieur. Nous ne percevons bien que ceux qui évoluent sur notre longueur d'onde. Nous pouvons aussi visiter les sphères plus lourdes que la nôtre.

C'est à cause de cette loi que vous ne pouvez pas nous voir.

L'*invisible* est partout autour de vous, mais votre regard est limité.

*
**

TRANSCOMMUNICATION
(voix enregistrée)

Question. — Beaucoup d'êtres **invisibles** *nous aident-ils ?*

Réponse. — Oh ! oui !

Question. — Vois-tu des choses qui sont **invisibles** *pour nous ?*

Réponse. — Tout ce que tu vois, nous le voyons. Autre chose aussi. Oh ! c'est beau !

J

JÉSUS

Jésus, Être du plan divin, a consenti un immense sacrifice d'amour pour descendre sur la terre, pour s'emprisonner dans un corps de chair. C'est pourquoi le prier élève l'âme. Il est l'un des visages du Divin.

Jésus, par sa courageuse descente dans la matière, a tenté d'expliquer aux hommes que Dieu est amour et non point, ce Père Fouettard sadique dont trop longtemps on a menacé une humanité épouvantée. Se servir du nom de Dieu qui est tout amour, amour infini et sublime, pour terroriser l'homme est un terrible sacrilège.

Ce n'est que dans la lumière divine que la vérité éclate, bouleversante, totale, radieuse. Mais ce plan divin est trop subtil pour communiquer avec vous. Pourtant, des êtres en descendent pour venir enseigner les humains : *Jésus* en était un. C'est un dur exil pour celui qui accepte ce terrible sacrifice.

Jésus a choisi de prendre, par son supplice consenti, le karma de l'humanité. Il a laissé parmi les hommes son sillage de lumière et sa présence vivante, radiante, mais le mal ne pourra se résoudre que lorsque l'homme nouveau sera né. *Jésus* l'a annoncé. La venue de cet homme sublimé, transfiguré, pour lui, être divin, était proche : qu'est-ce que deux mille ans ? Un clin d'œil dans l'éternité.

Jésus nous a laissé le commandement suprême : « Aimez-vous les uns les autres ». Il n'en est pas de plus grand. Il a voulu laver l'amour de toute hypocrisie, de tout égoïsme, et de toutes ses limites affligeantes.

La figure de *Jésus*, si lumineuse et si humaine en même temps est la plus pure image que les terriens se sont donnée de la divinité descendue dans la matière. Et pourtant, c'est au nom de *Jésus*, au nom de cet être adorable, que les hommes ont menti, persécuté, torturé, massacré, durant de longs siècles.

Vu que les divers plans sont encastrés les uns dans les autres, les êtres de lumière sont au milieu de vous, dans le même espace. Il est donc bien vrai de dire, que *Jésus* est parmi vous. Pour sentir sa divine présence, il vous faut affiner vos vibrations.

Haussez vos pensées et affinez votre niveau vibratoire afin de capter les autres plans. *Jésus* a dit :

« Je resterai parmi vous jusqu'à la fin des temps. »

Et, comme tous les êtres de lumière, il est là, parmi vous, dans le même espace, ce qui explique que certains mystiques en extase puissent le voir. Ce n'est pas *Jésus* ou Marie qui descendent du ciel, mais le voyant qui hausse sa conscience jusqu'à un niveau vibratoire auquel il a, un instant, accès.

***

TRANSCOMMUNICATION
(voix enregistrée)

Question. — Peux-tu voir **Jésus** *?*

Réponse. — Oh oui ! Je le vois.

Question. — **Jésus** *est-il avec nous, dans le même espace que nous ?*

Réponse. — Il est avec vous, maman.

Question. — Le voyant qui voit **Jésus** *ou Marie hausse-t-il sa conscience jusqu'au niveau vibratoire de ces êtres de lumière ?*

Réponse. — Oui (très clair et net.)

Question. — **Jésus**, *le Christ, est-il réincarné sur la terre actuellement ?*

Réponse. — Ma petite maman, je ne crois pas ! Non maman.

JEU

On se déshabitue très vite de ce *jeu* terrestre, ce *jeu* que vous prenez au sérieux, ce qui explique que tant d'êtres humains soient là à courir après l'argent, la gloire, la puissance. Ils sont de ridicules marionnettes.

Ce *jeu* de la terre est plein de nœuds, de pièges, de détours, de contours.

Malgré cette brève apparition sur le théâtre de la terre, combien se laissent distraire de l'essentiel par ce *jeu* de miroirs, par ce *jeu* illusoire.

La vie terrestre n'est que *jeu* d'apparences, *jeu* d'illusions. Mais au nom de ce *jeu* fallacieux, tant et tant tuent, torturent, détruisent et se détruisent.

Sois sereine comme quelqu'un qui a compris la règle du *jeu*.

Trop souvent, sur terre, le *jeu* se transforme en *jeu* de massacre.

Prends ma main et, petit à petit, tu arriveras à t'abstraire de ce *jeu* cruel et dérisoire de la vie terrestre.

N'oubliez pas que sur terre tout est *jeu*. Ne soyez pas de mauvais joueurs.

La vie terrestre est un *jeu* d'obstacles. Nous le connaissons avant de nous incarner, mais nous en oublions vite les règles.

Ne t'occupe pas des *jeux* de la terre, ils ne sont que fantasmagorie.

Combien s'enivrent de vide, pris au piège de ce *jeu* mensonger ?

Sur terre, tout n'est que *jeu* d'illusions. L'imagination — comme dans notre monde — est créatrice.

JOIE - JOYEUX

Que, dès le matin, la *joie* soit en toi afin que ta journée en soit illuminée.

Ici tout est *joie*, beauté et harmonie.

Que la *joie* t'habite, car c'est elle qui te donne rendez-vous au sortir de l'épreuve.

Joie, joie ! Tout est *joie* dans nos sphères radieuses !

Retrouvez la *joie*, la paix.

Qu'un grand élan de *joie* vous pousse vers vos frères. Répandez la bonne nouvelle : la vie est infinie et la terre s'apprête à renaître.

Soyez *joyeux*, vous qui êtes les messagers des temps nouveaux et de la lumineuse fraternité de l'humanité future.

Que la *joie* te pénètre, car ton message est radieux !

Accueillez tout, même les épreuves et les contretemps, avec *joie* et avec un très doux sourire.

Transmets la *joie*, l'espérance, la certitude à une humanité assoiffée d'évidence.

Que la *joie* éclose en toi comme une fleur merveilleuse !

Tissez la *joie* et l'amour à venir.

Celui qui a compris, on le reconnaît à sa *joie*, à son rayonnement.

Tout est *joie*, la danse des étoiles, le chant des oiseaux, le tressaillement vivant de l'illimité.

Que ton chant soit de *joie* !

Cette *joie* de l'esprit, ce ne sont pas les décevants plaisirs de la terre qui te la donneront, ni la possession, ni les passions, encore moins la satisfaction des sens. Et pourtant, cette *joie* intérieure éclabousse de bonheur tout ce que tu regardes.

Celui qui a trouvé l'harmonie avec lui-même, celui-là vit dans la *joie*.

La tristesse, le doute alourdissent vos vibrations ; la *joie* les élève.

Éveille les hommes, transmets la bonne nouvelle, afin que renaisse la *joie*.

Qu'une *joie* profonde habite en toi !

Puise ta *joie* dans l'être.

Que cette *joie* sereine, qui est donnée à ceux qui ont percé l'écorce, qui voient plus loin que les apparences lourdes, fasse de toi un être rayonnant.

Découvre en toi ce moi éternel qui se rit du temps et de la mort et ta vie sera *joie*.

Les étoiles sont en toi et leur danse est *joie* suprême.

Ceux qui tranforment leur souffrance en *joie*, ceux-là ont compris le ciel.

La *joie* divine est en toi. Rayonne.

Joie, *joie*, *joie* ! Tout est *joie* ici.

Un monde de *joie* est là qui attend l'appel de tous pour descendre illuminer la terre.

La *joie* vibre avec de hautes fréquences et elle attire le positif. Soyez *joyeux*, optimistes.

Chasse loin de toi toute mélancolie ; seule la *joie* est parfaite.

Partage ma *joie* infinie plutôt que de souffrir.

Tout vivre — même les épreuves — dans la *joie*.

Rayonne la *joie* afin que la peur, la nuit et le mal reculent un peu.

Que la *joie* emplisse tous les cœurs !

La vibration divine est *joie*.

Que la *joie* sans cesse habite en toi !

Ne te laisse pas troubler ni attrister par des choses éphémères, sans consistance, ni existence réelle.

Dans le monde spirituel, tout est fait avec *joie* (le travail, l'étude). Sur terre, il faudrait accomplir vos tâches quotidiennes sans récriminer, avec la même *joie* secrète.

Embrase les cœurs, allume des feux de joie.

La mort est *joie* ; la naissance à la terre au contraire est rupture, séparation. C'est elle qui est souffrance.

La douleur n'est qu'illusion ; seule existe la *joie* (1).

Ne te blesse pas sans cesse à la terre, mais extrais plutôt de chaque

---

(1) Phrase entendue directement la nuit.

minute la sève, afin de vivre *joyeuse* ta journée comme une aventure, un voyage passionnant.

Ici, tout est rapport harmonieux entre les êtres, lumière, amour et *joie*. Cette *joie*, nous voudrions tellement vous la communiquer.

Bonne année, maman, à toi et à toute la maisonnée ! Je vous souhaite la *joie*, la vraie, celle qui est intérieure et que rien ne peut briser, je vous souhaite de jeter un regard émerveillé sur chaque chose.

Cette communication avec toi m'emplit d'une douce *joie*.

Je suis si heureux de pouvoir donner cette preuve suprême aux sceptiques et, à toi, cette *joie* si grande d'entendre ma voix, et de pouvoir enregistrer quelques mots sur une bande magnétique. Quel bonheur de te faire ce cadeau !

*
**

TRANSCOMMUNICATION
(voix enregistrée)

Question. — Que ressent-on au moment du passage ?

Réponse. — Beaucoup de **joie**, oui, une **joie** immense.

Question. — Victor Hugo a-t-il donc eu raison d'écrire : « Mort, heure splendide » ?

Réponse. — Oh ! oui.

Question. — La **joie** *est-elle une qualité spirituelle ?*

Réponse. — Oh oui ! maman.

— Je suis beaucoup auprès de toi. Pour moi, c'est une **joie**.

JUGER - JUSTE - JUSTICE

Ne *juge* pas, aime.

Il ne faut *juger* personne, car chacun tient son rôle dans la pièce de la vie.

Celui qui *juge* oppose, sépare, divise, oublie l'essentielle unité.

Ici, personne ne nous *juge*, c'est nous-mêmes qui examinons notre vie au grand soleil de l'amour.

Ce que tu *juges* mauvais dans autrui, se trouve aussi en toi à un moindre degré.

Ne *jugez* pas les autres, ni leurs paroles, ni leurs actions, ni leurs certitudes spirituelles — ou leur absence de certitudes — car, même si certains vous paraissent en retard sur le chemin, sachez que tous arriveront un jour au but, tous se fondront dans l'ineffable lumière divine. La destination de tous est la même.

Ne *juge* pas : en l'homme le plus déchu, scintille la divine étincelle toujours prête à jaillir.

Chacun suit le chemin qui lui permettra de prendre conscience un jour du sens vrai de sa vie. C'est pourquoi il ne faut *juger* personne.

L'amour ne *juge* jamais.

Dans le monde spirituel, nul *juge* extérieur à toi. C'est chacun qui se *juge* à la lumière de cette parcelle divine qui vit en lui.

N'oublie jamais que, malgré les apparences, tout est *juste*, même ce qui te semble révoltant. Vous ne voyez que les effets, jamais les causes.

Il n'y a ici aucune *justice* inexorable.

La loi d'amour est la plus forte.

Tout est *juste* toujours, vous récoltez ce que vous avez semé.

K

KARMA

Sur la terre, c'est de ce choc entre des êtres aux vibrations différentes que naît le *karma*. Qui a fait mal souffre du mal à son tour.

Le *karma*, c'est la loi des causes et des effets. Vos actes, vos paroles engendrent des effets, parfois immédiats, parfois différés, dans une autre existence. Mais sachez que tout est juste toujours, que vous récoltez ce que vous avez semé.

Le *karma* n'est pas inexorable. La prise de conscience des erreurs passées et l'amour peuvent l'alléger. Comme tu nous le disais : — Tout fond au grand soleil de l'amour.

Personne ne peut prendre le *karma* de quelqu'un, car nul ne peut vivre la vie et les épreuves d'un autre, fût-il le plus chèrement aimé.

L'amour et la compassion ne peuvent enlever le *karma*, mais ils peuvent l'atténuer.

C'est à nous-mêmes que nous rendons des comptes. Nul Dieu vengeur ne nous frappe. C'est nous qui créons notre propre *karma*.

Ceux qui propagent le fanatisme, seront eux-mêmes, un jour, victimes de l'intolérance et de la violence — à moins qu'ils ne prennent conscience de leur erreur et tentent de la réparer. C'est la loi du *karma*.

***

TRANSCOMMUNICATION
(voix enregistrée)

Question. — Peut-on prendre par amour le karma *de quelqu'un ?*

Réponse. — En général, non.

Question. — L'amour peut-il adoucir la loi du karma ?

Réponse. — Oh ! je pense que oui.

L

LAMPE

Sois la *lampe* allumée.

Toute créature est une *lampe* où passe le courant divin, mais elle le reçoit avec une plus ou moins grande intensité.

La *lampe* se contente de répandre la lumière ; peu lui importent ceux qu'elle éclaire !

Allume ta *lampe*, car en toi est la lumière et que ta mission est d'éclairer ceux qui souffrent, ceux qui doutent.

Aimez, croyez, diffusez la clarté comme une *lampe* dans la nuit.

Sois une *lampe* qui éclaire tant de cœurs tristes.

LIBERTÉ - LIBRE

La *liberté* est le merveilleux cadeau de la divinité à l'humanité, cadeau splendide mais dangereux si elle n'a pas la sagesse de bien en user.

Il n'y a pas de *liberté* vraie sans amour.

Jamais je n'ai joui d'une telle *liberté*, une *liberté* véritablement inconnue sur la terre.

J'ai brisé ma coquille et j'ai jailli, enfin *libre*.

Je suis tellement plus *libre* que le plus *libre* d'entre vous — et pourtant si près de vous.

Si vous jetez sur tout le vrai regard, déjà vous possédez la *liberté*, la vraie.

Sans *liberté*, il n'y a pas de responsabilité, donc pas de progrès et d'évolution.

Les grandes lignes de la vie terrestre sont déterminées, par chacun de nous, d'ailleurs, puisque nous les avons choisies en toute *liberté* avant de nous incarner... La *liberté* du choix à l'intérieur de ce qu'on peut appeler un destin est totale : face à une situation, un événement, une rencontre, tu es *libre* d'agir bien ou mal, avec amour ou égoïsme... Sans *liberté* d'ailleurs, il n'y aurait pas de responsabilité.

Oui, vous êtes *libres*. Votre chemin, c'est vous qui l'avez choisi, même si vous ne vous en souvenez pas. Le livre de votre destinée est écrit, pour la plus grande partie, par vous-mêmes.

La vraie *liberté* est intérieure.

Ici, nous sommes merveilleusement *libres*. C'est nous-mêmes qui choisissons nos missions, nos actions, nos études (j'emploie ce mot, faute d'un meilleur : ne crois pas qu'il y ait des salles de classe, ni des amphithéâtres).

En arrivant dans le monde spirituel, on est projeté dans la *liberté*, une *liberté* immense, totale, infinie. L'oiseau qui se heurtait douloureusement aux barreaux de sa cage découvre, ivre, le *libre* espace et l'immensité de l'Amour.

Oui, chaque être est *libre*. Je n'insisterai jamais assez. Sans *liberté*, pas de responsabilité, donc pas de progrès spirituel.

C'est chacun de nous qui est l'auteur de son propre destin.

Ce que tu crois, le déterminisme astrologique n'emprisonne pas l'homme.

En effet, chacun choisit de s'incarner sous le signe qui convient le mieux à son nouveau chemin de vie, de la même manière qu'il choisit son pays, sa famille, son époque et la trame des événements de sa nouvelle existence.

Toute vie est un scénario divin qui existe déjà, qui est déjà écrit avant de se jouer dans le monde de la matière. Mais sache qu'on t'a donné la *liberté* initiale de choisir ce scénario et la *liberté* permanente d'en modifier des séquences.

Notre *liberté* est totale ici. Rien jamais ne nous est imposé. Nous pouvons étudier ou ne pas étudier si nous ne ressentons aucune curiosité de ce monde prodigieux, voyager ou rester sur place, travailler ou ne rien faire. Personne ne critique personne quels que soient ses choix.

Pardon d'insister, mais je veux te dire encore qu'entière est votre *liberté*, que rien ne vous a été imposé jamais, ni la vie qui est la vôtre, ni vos choix, ni vos idées. Vous êtes vous-mêmes l'auteur d'une pièce que vous ne reconnaissez pas.

À partir du scénario initial, nombreuses sont les séquences qui peuvent être modifiées. C'est là qu'intervient la *liberté* de l'homme.

*
**

TRANSCOMMUNICATION
(voix enregistrée)

Question. — L'homme est-il **libre** *? A-t-il le choix de ses actes ?*
Réponse. — Bien sûr ! Heureusement !

LIRE - LIVRE

Vos *livres* nous intéressent beaucoup.

Désormais, je peux *lire* en toi comme dans un *livre* ouvert.

Lis des *livres* qui élèvent l'âme et désaltèrent l'esprit.

Nous pouvons *lire* comme sur la terre. Mais aussi quand un *livre* nous est donné, nous pouvons en saisir globalement le contenu.

Il est vrai que tous les *livres* qui ont été écrits, continuent à exister. Ils sont conservés, non pas matériellement, mais spirituellement, ici.

Comme le corps spirituel préexiste au corps physique, le *livre* dans son état subtil, — l'esprit du *livre*, si tu préfères, — préexiste au *livre* rédigé et imprimé sur la terre. Tu es pourtant véritablement l'auteur de ton *livre*, car dans la myriade de pensées qui étaient à ta disposition, tu as choisi celles que tu voulais offrir à tes frères humains.

Le *livre* a grandi en toi, un peu comme l'enfant à naître se développe à travers le corps de sa mère.

Les *livres* sont issus du monde spirituel. L'inspiration vous est donnée souvent par des êtres de lumière ou des écrivains qui ont rejoint nos sphères.

La lecture d'un *livre* peut augmenter le degré de conscience d'un être, et une conscience qui s'élève élève celle de toute la planète. Les temps vont venir où tant de *livres* futiles ou stupides disparaîtront d'eux-mêmes, car ils n'intéresseront plus personne.

***

TRANSCOMMUNICATION
(voix enregistrée)

Question. — Est-ce toi qui avais laissé grand ouvert dans la bibliothèque le **livre** *des messages de Pierre Monnier à sa maman, livre que j'ai découvert, alors que tu avais déjà rejoint l'autre dimension ?*

Réponse. — Oui, c'est moi.

Question. — Peux-tu lire un livre *en même temps que moi ?*

Réponse. — Oh oui ! je le peux.

Question. — Les livres *de spiritualité qui paraissent sur la terre vous intéressent-ils ?*

Réponse. — Oui, bien sûr !

LOI

Tout se noue et se dénoue suivant des *lois* qui vous échappent. Tout ce qui est doit être, même ce qui vous semble injuste... Ce que vous appelez hasard est l'aveu de l'ignorance de ces *lois*.

Il est d'autres *lois* que vos *lois* physiques si étroites. Les *lois* découvertes par les savants de la terre sont, elles-mêmes, issues de *lois* plus vastes, dont elles ne sont que les conséquences.

C'est la *loi* de la terre que ceux qui vivent et pensent autrement que le plus grand nombre soient mal compris et mal aimés.

Une nouvelle humanité va naître, une humanité transcendée, sublimée. Elle aura d'autres *lois*, d'autres idéaux et sa foi, au lieu de diviser, rassemblera tous les êtres en une même action de grâce sous le sourire de Dieu.

LUMIÈRE

Et, comme l'abeille, je me suis envolé dans la *lumière*.

La *lumière* rayonne de tout, nous baigne, nous pénètre. Nous sommes dans la *lumière*, nous sommes la *Lumière*.

Tu as reçu ce don de réfracter la *lumière*, de la projeter sur ceux qui souffrent, ceux qui doutent... Alors, réjouis-toi.

Il y a de belles *lumières* ici, comme des fleurs qui seraient de la clarté. On baigne dans la *lumière*.

Je suis redevenu ce que je n'aurais jamais dû cesser d'être, un être de *Lumière*.

Derrière la vie matérielle si limitée et lourde, il y a la vie spirituelle et son immense échappée de *lumière*.

La vie sur terre changera, elle sera radieuse de partout et les êtres transfigurés vont s'habiller de *lumière*.

Projette de la *lumière* autour de ceux qui font le mal ou qui le pensent.

Propage la *lumière*, allume les êtres.

La *Lumière* est autour de vous, en vous, cette *Lumière* qui est Dieu, mais vous vous laissez prendre par l'illusion de la matière.

Aie confiance : la *lumière* se répand.

Ma vie est *lumière*.

Lumière ! Amour ! Tout est là !
Et la *lumière* est amour et l'amour est *lumière*.

L'essentiel, c'est cette constante et difficile progression de tous les êtres vers la *Lumière* divine, vers cette sphère suprême où nous atteindrons la Vraie Connaissance, où nous serons nous-mêmes *lumières* dans la *Lumière*.

Habille-toi de *lumière*, sois *lumière* pour permettre aux êtres de transmuer. La *lumière* est contagieuse, elle se propage comme un incendie, un incendie de joie et d'espérance.

Des êtres de *Lumière* descendent des plans radieux. La *lumière* nous entoure, nous baignons en elle, mais alors, une *Lumière* encore plus intense, encore plus subtile, se déverse sur nous.

Je ne te dis pas : « Que la *lumière* soit ! » car la *lumière* est. D'ailleurs, elle s'apprête à vous inonder.

Ceux qui sont devenus pour vous invisibles ne sont pas des « ombres », comme on dit sur la terre, mais bien des *lumières* pensantes et aimantes.

Soyez des êtres de *Lumière*.

Ouvrez-vous à la *lumière* comme les fleurs au soleil.

Lumière dans toutes les âmes !

La *lumière* déferlera sur la terre, afin que les êtres de haine et de nuit en soient inondés, que la *lumière* les transperce et qu'elle les transforme.

Soyez le bourgeon qui s'ouvre pour offrir à la *lumière* ses pousses toutes neuves.

La *Lumière* est si belle, si vivante, si aimante, si intelligente, qu'il n'est pas de mots pour seulement vous faire imaginer un fragment d'une telle félicité.

Ma vie est *lumière*.

Nous ne savons pas tout. Seuls ceux qui sont arrivés dans la *Lumière* Divine savent. Ceux qui ont atteint cette sphère suprême ont accès à la mémoire du monde, à la totalité de la connaissance. Ce n'est que dans la *Lumière* Divine que la vérité éclate, bouleversante, totale, radiante.

Rien ne peut arrêter la progression de la *lumière*.

Chacun de tes gestes, chacune de tes paroles doivent être porteurs de *lumière*.

N'écoute pas le chœur discordant de ceux qui se disputent des lambeaux illusoires de matière, sois bien plutôt attentive à cette *lumière* qui chante en toi.

La *lumière* nous entoure, elle danse autour de nous. Que cette *lumière* pénètre en vous et fasse de vous des êtres rayonnants ! Que ceux qui vous approchent s'allument à votre contact !

Je suis heureux d'avoir un peu bousculé ta vie et de l'avoir infléchie vers davantage de *lumière*.

La *lumière* vient peu à peu, même si les ténèbres sont encore épaisses.

Sois la *lumière* et que ta clarté soit contagieuse !

Habillez-vous de *lumière*.

Tout être est en marche vers la *Lumière*.

Projette sur les méchants la *lumière* de l'amour, de ton amour.

Que par toi la *lumière* pénètre les cœurs de ceux qui pleurent, de ceux qui doutent.

Je suis heureux d'avoir approfondi la brèche qui te permettra de t'engouffrer dans la *lumière*.

Il faut entourer de *lumière* et d'amour ceux qui font ou pensent le mal.

Que la *lumière* envahisse la terre !

Que la *lumière* inonde les cœurs.

Soyez des porteurs de *lumière*.

La période sombre que vit la terre va prendre fin. La *lumière* se répand.

Il est temps que la *lumière* qui est en vous se répande sur la terre comme un immense brasier de vie et d'amour.

Sois *lumière* afin que chacun s'allume à ton contact.

En vous brille la *lumière* divine.

Ne jugez pas, emplissez de *lumière* ceux qui jugent.

La *lumière* va se propager sur la terre. Des êtres porteurs de *lumière*, missionnés, incarnés sur votre planète, ainsi que les guides radiants de nos plans travaillent ensemble pour que le règne de l'amour investisse bientôt la terre. Ne doutez pas, rayonnez.

Sois un de ces êtres de *lumière* qui allume d'autres êtres. Que ta vie, tes pensées, tes paroles, tes écrits soient clarté.

La *lumière* s'apprête à descendre sur la terre.

Comme les corolles qui se tournent vers le soleil, vivez dans la *lumière*.

Tu es *lumière* et non matière. Souviens-toi de ton origine divine.

La *lumière* dissoudra la haine.

Tout est né de la *Lumière* et tout revient vers la *Lumière*.

Les pensées d'amour dégagent de la *lumière*.

Crois en la *lumière*, car la *lumière* viendra sur le monde.

Abandonnez-vous à la *lumière*.

Tous ceux qui propagent la *Lumière* vont s'unir, afin que s'embrase la planète au grand soleil de l'amour !

Laisse-toi pénétrer par la *lumière* et tu sauras.

Vous êtes *lumière* et la *lumière* est en vous.

Place dans la *lumière* tout ce qui te blesse, te gêne, t'inquiète ou te pose question... et attends. La solution est en toi. Sois attentive.

Arrachez votre vieille peau et baignez-vous dans la *lumière*. C'est ce baptême de *lumière* qui permettra votre mutation.

Quand se lèvera le rideau de la vie, alors toutes choses vous seront dévoilées dans la *lumière*.

Ensemble, propulsez votre planète blessée vers la paix et la *lumière*.

Laisse-toi guider par la *lumière* intérieure.

Cette quête nostalgique et parfois douloureuse, que vous poursuivez toute votre vie, à laquelle vous donnez les noms les plus divers, c'est la quête essentielle de la *lumière* de nos sphères, cette *lumière* qui palpite en vous.

Je voudrais que tu puisses voir la *lumière* vivante qui sort de tout ce qui existe.

Il est vrai que toutes les maisons sont hantées, mais le plus souvent ce sont des êtres de *lumière* qui les habitent et qui les protègent.

Cette *lumière* que je tente de déverser sur toi, oui, tu dois la répandre.

Vous êtes comme les papillons attirés par la *lumière* au risque d'y brûler vos ailes.

Chacun de tes gestes, chacune de tes pensées, chacune de tes paroles doivent être porteurs de *lumière*. C'est ta mission.

La *lumière* est bonne ; la *lumière* sait.

La *lumière* s'apprête à adombrer le monde.

Sois attentive à cette *lumière* qui chante en toi.

Les souffrances du passé, les soucis de l'avenir, projetez-les dans la *lumière*.

En toi, la *lumière* est vivante. Laisse-toi guider par elle. C'est elle qui est ton éternité.

La *lumière* vient peu à peu, même si les ténèbres sont encore épaisses.

Des êtres de *lumière* sont incarnés parmi vous ; mêlés à vous, ils travaillent à un monde de paix et de fraternité.

Nous sommes dans la *lumière*. Nous sommes la *lumière*.

Il faut apprendre à te protéger, car ceux qui ont découvert la *lumière* et veulent la transmettre, trop souvent encore, sont pris pour des insensés et sont en butte aux persécutions.

Ici, tout resplendit de sa propre *lumière*, tout est éclairé de l'intérieur. De chaque chose, de chaque être émane une tendre clarté.

⁂

TRANSCOMMUNICATION
(voix enregistrée)

Question. — Que deviennent les arbres après leur mort physique ? La partie spirituelle de l'arbre rejoint-elle vos sphères de **Lumière** *?*

Réponse. — Je pense que non. Ils disparaissent (1).

Question. — La **lumière** *dans laquelle tu baignes est-elle divine ?*

Réponse. — Oh oui ! je crois.

Question. — Est-ce que les gens qui ont tranché leur vie par un suicide peuvent tout de même atteindre la **Lumière** *?*

Réponse. — Oh ! bien sûr !

---

(1) J'avoue que cette réponse m'avait étonnée.
Jeanne Morrannier m'a confirmé que les arbres ont bien un corps éthérique, mais qu'il ne survit pas.

M

MAIN

Va où tu dois aller et si on sourit de te voir si aérienne, dis :

— Le secret, c'est qu'une *main* invisible a saisi la mienne.

Prête-moi ta *main* afin que je puisse agir sur la terre.

J'ai besoin de ta main pour avoir une emprise sur la matière.

Abandonne-toi ; donne-moi la *main* avec confiance.

Quand une *main* invisible saisit la vôtre, vous allez plus haut, plus profond et vous traversez la vie terrestre avec cette légèreté propre aux êtres missionnés (1).

Nous sommes ensemble *main* dans la *main*.

Donne-moi la *main* afin de ne pas tomber.

Prends ma *main* et marche parmi les hommes, riche de ce secret qui nous unit, ce secret si beau.

Je peux t'entraîner vers des cimes lumineuses si tu veux bien me donner la *main* et me faire confiance.

*
**

TRANSCOMMUNICATION
(voix enregistrée)

Question. — Abel, me promets-tu de ne jamais lâcher ma **main** *?*

Réponse. — Oui, maman chérie ; oui, quoi qu'il se passe.

---

(1) La main d'Abel, je la sens très fort saisir ma main droite, le soir au coucher, et parfois durant la journée, quand je me promène seule.

MAÎTRE

Ne cherche pas de *maître* ailleurs qu'en toi-même.

À quoi sert de parcourir des kilomètres pour rencontrer un *maître* alors que tout est en toi et que tu sais depuis toujours ce que tu crois avoir oublié.

Le meilleur des *maîtres* ne peut faire le travail à ta place. Vous êtes entourés de guides invisibles qui vous aident à vous réaliser.

Nul besoin de *maître*, de gourou, d'initiation, de rites ; en toi, l'étincelle divine, depuis toujours, sait.

Les êtres rayonnants, les êtres étoilés, ceux que la terre appelle des *maîtres* ou des prophètes ont connu cette radieuse certitude.

Ils ont embrassé, en quelques instants embrasés, l'unité de tout ce qui est, et connu d'ineffables échappées vers le Divin. Désormais, il leur est impossible de douter ni de désespérer, même au sein des pires épreuves.

Rares sont les *maîtres* issus des plans divins, très rares. Attention aux imposteurs, aux faux prophètes !

Le mieux, c'est de croire et d'aimer en suivant ton intuition profonde.

MAL

Le *mal* est plus fort que jamais, car la terre s'apprête à changer et qu'il s'agrippe très fort, avec rage, comme un fauve blessé qui mord et qui griffe car il sait le combat perdu d'avance.

Le *mal* qu'on fait à un autre être, même si c'est à un animal ou à une fleur, c'est à soi qu'on le fait.

Le *mal* existera sur la terre tant que des hommes et des femmes le penseront et s'en réjouiront.

Le *mal* disparaîtra petit à petit ou plutôt il se transmutera. En une lumineuse alchimie, de la boue actuelle naîtra l'or spirituel.

Le *mal* n'est pas vraiment, seul le bien est.

L'ombre n'existe pas, seule existe la lumière.

Le *mal* n'existe pas réellement, il n'est que l'ombre du bien.

Les forces du *mal*, qui s'agrippent en ce moment, finiront bien par lâcher prise.

Si le *mal* s'exacerbe, c'est que la lumière est bien près d'envahir la terre.

Il ne faut pas rendre le *mal* pour le *mal*.

Nous avons *mal* avec vous, pour vous, c'est pourquoi nous aimerions tant vous délivrer du *mal*.

Le *mal* du monde, tu ne peux ni le porter, ni l'effacer. Il doit lentement se transmuter à mesure que la terre se transfigurera.

Aucun *mal* ne peut plus m'atteindre désormais. Ne t'inquiète plus pour moi, je suis à l'abri, en sécurité et tu ne peux rêver mieux pour ton enfant.

Le *mal* est un instrument qui, comme tout, concourt au bien final.

Le *mal* se consumera un jour dans le grand brasier de l'amour.

Le *mal* n'est pas en dehors et c'est à l'intérieur de vous qu'il faut le traquer. Le *mal* du monde ne disparaîtra que lorsque chacun aura fait la paix avec lui-même, sera en harmonie avec le Divin.

Le *mal*, c'est de ne pas aimer.

C'est à la racine du *mal* qu'il faut s'attaquer et non point à ceux-là qui le transmettent. Ce n'est pas en tuant les coquilles charnelles que vous tuerez les idées négatives ; tout simplement, elles iront se loger ailleurs.

Il ne faut jamais répondre à la violence par une autre violence. Bien loin de guérir le *mal*, on l'augmente.

Le *mal* que tu fais à qui que ce soit, même au plus petit animal, même à l'humble végétal, c'est à toi que tu le fais.

Les fanatismes s'exacerbent en ce moment et la violence... C'est comme l'éruption d'une maladie. Tout sort, tout devient visible. Il vaut mieux cela qu'un *mal* caché, secret.

Tout le *mal*, toutes les négativités autour de toi n'ont pas d'autres buts que de te tester. Tu dois travailler sur cette vulnérabilité qui entrave ta marche. Tu auras fait un gros progrès le jour où tu accepteras les louanges et les calomnies avec la même sérénité, sans y attacher la moindre importance.

Rien de *mal* ne saurait arriver aux êtres qui s'entourent de pensées pures, de lumière et d'amour. Éloignez de vous toute crainte.

Les hommes sont libres et hélas ! libres de se faire *mal* et de faire *mal* à d'autres.

Le *mal* n'est que l'ombre du bien. Mais ne laisse pas cette ombre obscurcir ta vie.

On n'a pas le droit d'arracher la nature, qui est tout imprégnée du Divin, à sa fonction sacrée, afin de l'utiliser pour le *mal* et la violence.

Le *mal* n'a aucune existence réelle, il n'est qu'un spectre, mais un spectre hideux, odieux. Il est temps qu'une meilleure conscience des humains éloigne ce spectre et que disparaissent la violence et la corruption.

MARIE

Oui, je vois *Marie* elle est une étoile, brillant du plus bel éclat dans le monde spirituel.

Dans ces hautes sphères de l'esprit où rayonnent Jésus, *Marie* et tous les prophètes de tous les temps.

***

TRANSCOMMUNICATION
(voix enregistrée)

Question. — Vois-tu la Vierge Marie ?

Réponse. — Oh ! oui.

Question. — Est-elle très belle, très lumineuse ?

Réponse. — Si belle !

Question. — Est-ce bien la Vierge Marie *qui apparaît si souvent en ce moment, à divers points de la terre ?*

Réponse. — Je pense que oui.

MATIÈRE

Dégagez-vous de la gangue de la *matière*, de ce cocon épais qui vous emprisonne et vous aveugle. Comme le papillon, déployez vos ailes, les ailes de l'esprit.

Je ne suis plus prisonnier de la lourde *matière*.

Et pourtant la *matière* est énergie, vibration et elle s'apprête à transmuter.

L'esprit et la *matière* vont s'unir pour que naisse enfin l'harmonie.

La *matière* de votre monde est plus épaisse, plus dense que celle des plans pour vous invisibles. L'atome spirituel est plus subtil que l'atome physique, mais est constitué d'un unique tissu qui est divin.

Dépasse l'opacité de la *matière*, la tromperie des apparences.

L'Univers est constitué d'une unique *matière*, d'une substance divine.

La *matière* s'apprête à être transmutée, subtilisée, rédemptée. Vous allez vivre cette mutation étonnante et qui bouleverse beaucoup de terriens.

Le rapport à la *matière* a été mal compris, elle doit se transmuter elle aussi, afin de célébrer son union radieuse avec l'esprit.

La *matière* est énergie vivante.

La vie terrestre, c'est cette chute consentie dans la *matière*, cette nostalgie du « ciel » et cette douloureuse aspiration à la lumière vers laquelle, un jour, tout être incarné doit retourner.

La *matière* est perçue comme seule réelle, alors que c'est l'esprit — invisible à vos sens — qui la modèle et la soutient.

Je peux pénétrer au cœur de la *matière* et me projeter, si j'en ai le désir, dans l'étoile la plus lointaine, tout en me retrouvant à la maison quand tu m'appelles.

Nous agissons sur la *matière* à travers vous.

La *matière* est énergie, vibrations et début de conscience. Oui, les savants ont raison, elle est douée de mémoire, elle se souvient des temps les plus anciens. Elle se spiritualise et se subtilise de plus en plus.

Pourquoi vous déchirer pour posséder un peu plus de *matière* ? Pourquoi vous disputer ces choses dérisoires que vous laisserez derrière vous le jour où vous vous déshabillerez de votre corps ? Vous êtes comme des enfants stupides qui se battent pour un jouet.

Ce qui rend le dialogue difficile avec vous, c'est que vous êtes tout englués de *matière*.

MÉCHANT - MÉCHANCETÉ

Il ne faut juger personne, car chacun tient son rôle dans la pièce de la vie.

Le *méchant*, c'est celui qui a oublié l'essentielle unité, celui qui n'a pas trouvé l'accord avec la partie divine de lui-même.

Même s'il le nie ou le renie, celui que la terre appelle un *méchant* contient Dieu comme toute créature, d'ailleurs. Un jour, il comprendra, un jour, il prendra.

Oui, le plus ignoble des hommes sera, un jour, transfiguré. Nul jamais ne se perd en chemin ; seulement ce chemin est plus ou moins long.

Laisse glisser la *méchanceté* sur toi, comme la boue glisse sur les plumes de l'oiseau. Ne réponds pas, ne t'en préoccupe pas. Tu as mieux à faire que cela.

Le *méchant* a oublié cette vérité si simple, si claire : celui à qui il tente de nuire, c'est lui, toujours lui.

Le *méchant* n'a pas la vision de l'unité, il croit se poser en s'opposant, s'affirmer en blessant autrui. Il s'est écarté du grand sillage de l'amour et c'est à lui qu'il fait du mal, puisque l'autre, c'est lui.

Ne t'inquiète pas des *méchancetés* de la terre. Elles sont là pour te tester, pour t'éprouver et pour te propulser plus loin sur ce chemin qui est le tien.

MÉDIUM

Les *médiums* captent notre plan, mais n'y vivent pas. Ils servent de relais téléphoniques, si je puis dire.

Chaque être se découvrira *médium* s'il se met à l'écoute de nos fréquences.

La *médiumnité* est une faculté latente en chaque enfant qui naît, mais l'éducation qu'il reçoit se charge de l'étouffer.

Le *médium* ne jouit pas de facultés exceptionnelles. Tout être qui s'épure peut nous servir d'intermédiaire.

Le *médium* doit être un canal rempli d'amour.

En tout être sommeillent un prophète et un *médium*... Il est grand temps que beaucoup de gens puissent nous servir d'intermédiaires, comme tu le fais, afin que la terre soit incendiée d'amour et que les vraies valeurs soient comprises par tous.

Le *médium* qui reçoit nos pensées doit être digne de ce cadeau sacré, digne de les transmettre, de les diffuser, digne d'en faire l'usage le meilleur.

⁂

TRANSCOMMUNICATION
(voix enregistrée)

Question. — Tout être qui est pur peut-il vous servir d'intermédiaire, être **médium** *?*

Réponse. — Bien sûr ! Oh oui !

MEILLEUR

Tout avance vers le *meilleur*.

Le *meilleur* est plus fort que le pire, lui seul restera.

Si tu y crois très fort, ce qui est le *meilleur* se réalisera.

Tout va vers le *meilleur*. Tout évolue, rien n'est figé.

Tout est programmé pour le *meilleur*, même si pour atteindre ce *meilleur*, il faut passer par des épreuves qui, aux yeux des hommes, paraissent parfois le pire.

C'est ce qu'on a de *meilleur* qu'on doit donner, ce *meilleur* qui colore la vie quotidienne d'infini. Il faut l'épandre, comme le semeur ses graines !

Nous travaillons avec les *meilleurs* d'entre vous pour le *meilleur*.

Seul le *meilleur* peut arriver si l'on croit au *meilleur*.

Que chaque être qui t'approche reparte *meilleur* et plus serein.

Vous êtes comme des ordinateurs qui, avant votre descente dans la matière, ont été programmés pour le *meilleur*, mais souvent vous déréglez tout, et c'est le pire que vous accomplissez.

Tout être est capable du *meilleur* si tu sais le susciter en lui.

Ce qui, durant sa vie terrestre, lui arrive est le *meilleur* pour chaque individu.

La vie terrestre contient le *meilleur* et le pire : chacun en prend ce qu'il désire.

Il faut toujours parier pour le *meilleur*.

MERVEILLE
MERVEILLEUSEMENT

Tout est *merveille* malgré les apparences.

Que de *merveilles* autour de vous ! Que de vivants miracles dont vous ne vous étonnez même plus, trop habitués peut-être.

Suscitez la *merveille* !

Tout EST *merveilleusement*, superbement. Votre vie devrait être contemplation et action de grâces.

Noël, c'est un état intérieur, c'est comprendre que la naissance d'un tout petit enfant peut recommencer le monde, c'est être à l'écoute de la *merveille*.

Ouvre-toi à la *merveille* comme la rose au soleil.

Cette communication entre nous, cet amour qui, loin d'avoir disparu a grandi, s'est approfondi, oui, c'est la *merveille*.

Que la *merveille* naisse sur tes pas ! Répands-la dans les cœurs, dans les âmes, par tes écrits, par tes paroles.

Nos voix enregistrées, oui, c'est la *merveille*, une *merveille* qui va se répandre sur la surface de la terre jusqu'à ce que le dernier des sceptiques soit convaincu.

***

TRANSCOMMUNICATION
(voix enregistrée)

Question. — Abel, ce que tu me donnes est beau, trop beau, c'est la **merveille** *à l'état pur. Comment te remercier ?*

Réponse. — Merci aussi ! Je t'aime.

MIRACLE

Les *miracles* ne paraissent *miracles* que pour les gens restés sur la terre, car, ici, nous comprenons que tout est possible et qu'il est d'autres lois que vos lois physiques si étroites.

Tout est *miracle*, ne l'oublie pas : la danse des étoiles, le ballet des papillons, l'éclosion d'une fleur, la naissance d'un enfant.

Le *miracle* est partout et à tout instant. Ouvre les yeux de l'âme et émerveille-toi.

Le *miracle* véritable, c'est l'Amour qui l'accomplira, l'Amour qui, bientôt, fécondera la terre.

MISSION

Nos *missions* personnelles sont aussi diverses que celles des êtres incarnés. Ma *mission* c'est de vous aider, toi tout particulièrement, et aussi d'aider la terre à sa transfiguration, à sa révolution spirituelle.

Vous qui continuez à vivre sur le plan physique, vous êtes tous *missionnés*, comme je l'étais.

Chaque être a sa *mission* qu'il a lui-même choisie, mais la terre fait tout pour le lui faire oublier.

Crois en ta *mission*. Emploie-toi à faire naître, en toi et en chacun, le nouvel être.

Tu es chargée de *mission* en une époque difficile.

Si tu restes sur la terre, c'est que ta *mission* n'est pas achevée.

Ta double *mission* désormais, c'est d'apprendre à ceux qui l'ont oublié que la vie n'a pas de fin, et d'aider à la naissance de cet homme nouveau. En fait, ces deux *missions* n'en sont qu'une, car l'homme de demain se saura immortel et divin.

À chacun de se souvenir de sa *mission* et de s'y consacrer, afin que, en une vaste symphonie, les hommes recréent la vie.

Ta *mission* est de redonner foi et courage. Il y a tant d'êtres désespérés qui tâtonnent.

Cette nouvelle *mission* que tu as acceptée est importante, essentielle même. Ouvre les esprits et tout suivra.

C'est cette prise de conscience qui permettra de réaliser enfin une véritable terre des hommes.

Ici, c'est chacun de nous qui crée sa propre *mission*. Rien jamais ne nous est imposé ; tout est consenti, voulu.

Aimer, aider, rayonner, voici ta *mission*.

Tu es désormais chargée de *mission*. Tu l'as toujours été bien sûr, mais ta *mission* maintenant se spiritualise : tu dois faire le pont entre les deux mondes, affirmer que la vie n'a pas de fin, consoler, convaincre, apaiser. Nous t'aiderons à mener à bien cette nouvelle *mission*.

Je suis à tes côtés pour t'accompagner dans cette *mission* et pour t'y aider. Abandonne -toi au lieu de te blesser.

La vie terrestre ne prend son sens que par cette *mission* que tu t'es à toi-même donné. Il faut la remplir jusqu'au bout, toujours.

***

TRANSCOMMUNICATION
(voix enregistrée)

Question. — Mon enfant tant aimé, serais-tu resté plus longtemps sur la terre, si j'avais arrêté la famille à toi, si je n'avais pas adopté après toi de si nombreux enfants ? (1)

Réponse. — C'était ta **mission** maman.

---

(1) Abel était le quatrième de nos enfants.

Question. — Est-ce notre **mission** *de faire savoir que la mort n'existe pas ?*

Réponse. — Bien sûr, oui !

Question. — Est-ce une de tes **missions** *de communiquer avec nous, es-tu un messager ?*

Réponse. — Bien sûr, maman !

Question. — Vous tous dont la **mission** *est de communiquer avec la terre, vous connaissez-vous entre vous ?*

Réponse. — Oui, nous sommes ensemble.

Question. — M'aidez-vous à mener ma **mission** *à bien ?*

Réponse. — On s'y efforce.

Question. — Les certitudes que tu me donnes, est-ce ma **mission** *de les propager auprès du plus grand nombre de mes frères humains ?*

Réponse. — Oh oui ! tu le dois.
Oui, c'est ta **mission**.

Question. — Ma **mission**, *désormais, est-elle d'éveiller les êtres aux réalités spirituelles ?*

Réponse. — Oui, je pense.

MONDE SPIRITUEL
MONDE MATÉRIEL

Les deux *mondes* sont en fait un même *monde*, mais c'est vous qui êtes aveugles et sourds.

Je savais bien, moi, qu'il existait un *monde* où tout était beauté et amour.

Il n'y a pas de frontière entre les deux *mondes*. C'est du verre, du cristal, moins que cela même, c'est une frontière imaginaire.

Nous sommes ensemble plus que jamais.

Un jour, tu pourras entrevoir ce *monde* si proche.

Il y a sans cesse communication entre les deux *mondes*, mais vous ne vous en apercevez pas. Chaque seconde de votre existence est imprégnée par les pensées et les vibrations de ce que vous appelez l'autre *monde*.

Le *monde* où je suis est un *monde* de vibrations joyeuses.

Le *monde spirituel*, c'est un ballet radieux.

Notre *monde* est si beau qu'il n'y a pas de mots : c'est une perpétuelle fête, c'est une joie infinie.

Les deux *mondes*, en réalité n'en sont qu'un.

Il me semble avoir davantage appris en quelques semaines dans ce *monde*, qu'en plus de vingt années de vie sur la terre... Ici tout reprend sa juste place, tout retrouve son sens.

Les deux *mondes* sont très proches, ils sont d'une seule essence. Ceci vous le découvrirez de mieux en mieux et le ferez découvrir à d'autres.

Notre *monde*, je me sens impuissant à vous le décrire. Je manque de mots. Pourtant, il est le vrai *monde*.

Notre *monde* livre de plus en plus de secrets, car les hommes vont comprendre de mieux en mieux.

Le *monde* est un livre ouvert, à vous de le déchiffrer.

Ce *monde* dont je rêvais dans ma petite âme enfantine assoiffée d'absolu, je l'ai enfin trouvé, c'est ici.

Notre *monde* est la photographie en couleur du réel, tandis que la terre en est le négatif, un négatif sombre et triste.

Ouvre-toi à cet autre *monde* qui, en fait, est le tien.

Un jour viendra où les deux *mondes* travailleront ensemble dans une splendide unité.

Et ceci sera tout nouveau dans l'histoire de l'humanité.

Je découvre les lois qui régissent notre *monde* dont le vôtre n'est qu'une projection dans la matière.

Les deux *mondes* ne sont pas séparés. C'est le même, en fait, vu à des niveaux de compréhension et de vibrations différents.

Bien sûr qu'il ne faut pas rompre le courant d'amour entre les deux *mondes* ! Ceux qui le prétendent s'égarent.

Les *mondes* s'interpénètrent, et le dialogue entre la terre et les sphères de lumière sera, dans les années à venir, de moins en moins exceptionnel.

Évoque notre *monde* quand tu désespères de la terre.

Les *mondes* sont encastrés les uns dans les autres comme des boîtes qui s'emboîtent.

Notre *monde* est le vôtre, ce que vous appelez le CIEL et la TERRE, se mêlent en un grand acte d'amour.

Le *monde spirituel* est simple, il est l'évidence éblouissante, la beauté-vérité.

Nos deux *mondes* n'en sont qu'un... Nous sommes près de vous, dans une dimension différente, plus subtile, mais à vos côtés. Nous ne sommes pas partis.

Les *mondes* marchent vers la divinité.

Les deux *mondes* sont imbriqués l'un dans l'autre : ils communiquent sans cesse ; mieux, ils communient.

La science va étonnamment progresser dans l'exploration du *monde spirituel*... Les esprits rationalistes auront enfin leurs preuves.

Nous tentons d'impressionner avec nos ondes spirituelles des appareils (comme la télévision) faits pour capter des ondes terrestres. C'est ainsi que vous pouvez apercevoir, fugitivement, sur vos écrans, nos corps spirituels.

Mais d'autres appareils mieux adaptés seront inventés et ce sera alors beaucoup plus facile de nous capter.

Cela permettra, dans des temps proches, une véritable communication entre les deux *mondes.*

Dans le Nouvel Âge, chacun gardera un souvenir beaucoup plus net des *mondes spirituels*, de l'enseignement qu'il y aura reçu, mais aussi de ses propres vies antérieures. La communication entre les *mondes* sera alors une évidence.

Écoute battre le cœur du *monde* dans la corolle et dans l'étoile.

Il y aura de plus en plus de contacts dans le but de rapprocher les deux *mondes.*

Monde physique, monde spirituel ? En fait c'est le même *monde*, mais vécu, appréhendé, différemment.

Les deux *mondes* vont de plus en plus s'interpénétrer. Vous pouvez déjà nous entendre sur des cassettes et nous voir sur des écrans. N'est-ce point prodigieux ? Les deux *mondes* communiquent. Un jour, ils communieront.

Rayonnez sur un *monde* encore sombre.

Le *monde* est un livre ouvert, riche de signes et de symboles. Cherchez à le décrypter.

C'est cette fausse conception de la séparation entre les *mondes matériel et spirituel*, qui fait tant souffrir les hommes.

Le *monde* où je suis est si radieux, si lumineux, que son existence même fait oublier toutes les ombres de la terre. Tout reprend ici sa vraie place, son sens originel.

Ce *monde* de la matière est comme un durcissement des énergies.

Écoute les *mondes* qui palpitent en toi.

Le *monde* où vous évoluez est l'envers du nôtre. Tout est inversé durant la vie terrestre, qui n'est qu'une projection bien imparfaite de ce qu'est la vraie vie.

Face à la montée de la conscience nouvelle, le vieux *monde* refuse de lâcher prise. Alors, bien sûr, le négatif vous entoure et, sans cesse, tente de vous attirer dans ses pièges.

Le *monde* visible n'est que le reflet du *monde* invisible.

Le *monde* est en mutation. Travaillez à cette sublime révolution.

Notre *monde* est féerie. Imagine des arcs-en-ciel éblouissants, des ruissellements de météores, des pluies de lucioles. Imagine des vitraux vivants, la danse des étoiles, des ballets de papillons, les bouquets de milliers de feux d'artifice et encore tu seras bien loin de la réalité.

Quand on arrive dans le *monde spirituel*, finis les efforts douloureux, les affrontements, les rejets, les fausses amitiés, les lâchetés, les trahisons, les moqueries. Tout est beauté, tendresse, compréhension, acceptation totale de chacun.

Comment te dire notre *monde*, son harmonie délicieuse, ses mélodies radieuses ? Les mots sont si pauvres, si petits.

Tout vibre au clair de l'amour. C'est fabuleux. C'est une telle plénitude, un tel bonheur. Tout est magnifique, sublime, radieux. La lumière est musique et la musique est amour. Oh ! les harmonies ruisselantes de splendeur. Les arbres chantent, les fleurs aiment.

Si tu pouvais voir tant de merveilles, tant de beautés palpitantes, tant d'harmonie, tu serais éblouie, éperdue, et tu ne te blesserais plus à la terre.

Contemple le *monde* dans la sérénité.

Le *monde* change, les êtres s'ouvrent de plus en plus à la spiritualité, ils sont plus exigeants. Ils découvrent que les idéaux matériels qui ont, durant tant d'années, été présentés comme la panacée, comme l'unique quête, ne leur ont pas apporté le vrai bonheur.

Lorsque tu arriveras ici, tu reconnaîtras ce *monde* qui est le vrai.

Les *mondes* sont, tout entiers, contenus dans un grain de sable.

Durant tout le décevant parcours terrestre, vous gardez la nostalgie de notre *monde* de Lumière et d'Amour véritable.

Imagine notre *monde*. Imagine les instants de bonheur, de tendresse multipliés à l'infini. Imagine le scintillement de milliers d'étoiles, le tressaillement de milliers de cœurs. Imagine la lumière de millions de soleils. Imagine les chants de tous les oiseaux, le vol de tous les papillons, la danse de toutes les couleurs. Imagine l'amour de toutes les mères de la terre...

Mais ton imagination ne peut atteindre tant de plénitude, tant d'amour et tant de beauté.

Ne t'afflige pas de l'incompréhension. Dans le *monde* où je suis, tout peut se partager, mais pas dans le tien, car il est des gens qui ne sont pas encore prêts à recevoir.

Je sais que les *mondes* (j'emploie ce mot faute d'un meilleur) s'encastrent les uns dans les autres et qu'il est des sphères de pure beauté, de pure lumière auxquelles je n'ai point encore accès.

Pourtant, de la même manière que le vent vous caresse, comme les ondes vous traversent, nous sommes parfois baignés de vibrations subtiles venant de ces contrées encore inexplorées. Et, alors, une joie infinie nous envahit.

On peut faire des progrès dans notre *monde* aussi. La vie sur terre sert juste à nous tester.

Le *monde spirituel* est fantastique de beauté et de réalité. Il est le vrai *monde*. Il est scintillant, intelligent, aimant... Quand on l'a retrouvé, la vie dans la matière semble une fantasmagorie, un jeu d'ombres.

Le *monde physique* n'est qu'une projection dans la matière du *monde spirituel*.

Dans notre *monde*, nous sommes au cœur du cœur de la vie — et encore, nous n'en connaissons pas l'embrasement suprême.

Vous qui demeurez dans ce *monde* de déception, dans ce *monde* de confusion, ne restez pas prisonniers des fausses-valeurs qui, trop longtemps, ont abusé l'humanité et ne lui ont pas apporté le bonheur.

Le vieux *monde* de domination, d'intérêts, de mensonges s'effrite. Ceux qui resteront accrochés à ces valeurs navrantes devront changer, comprendre ou alors disparaître, afin de renaître plus conscients.

Il existe déjà dans le *monde* des lieux où flambe l'amour, où règne l'esprit.

Votre *monde* est une copie du nôtre. Le vrai, le réel, c'est ici.

Tout est beauté dans notre *monde*, plénitude et bonheur.

Le *monde spirituel* et le *monde* de la matière, ce que vous appelez le ciel et la terre, ne sont qu'un et chantent le même chant qui est d'amour.

Le *monde* invisible est constitué de la même matière que le *monde* visible, mais une matière moins dense, plus subtile.

Tu n'es pas adaptée à ce *monde* où il te faut pourtant rester encore pour mener à bien ta mission. La plupart de tes enfants sont mieux adaptés que toi.

Va dans le *monde* annoncer la bonne nouvelle. Le temps n'est plus des repliements, des renoncements et des solitudes. C'est parmi les hommes, avec les hommes, qu'il vous faudra désormais rayonner.

Vous vous souvenez de notre *monde*, que vous rejoignez quand vous dormez, et vous le reconnaîtrez à l'arrivée ici : ce sera alors le retour aux sources, à la patrie originelle et si belle.

Ces souvenirs en vous enfouis, resurgissent dans les contes, les légendes où toute une panoplie d'anneaux magiques, de tapis volants restitue, un instant, à l'humanité nostalgique, l'incroyable liberté de notre *monde* où le désir est exaucé aussitôt que formulé.

Comme je voudrais t'aider à imaginer un peu ce *monde* ineffable, ce *monde* de ballets lumineux où l'amour se respire, où la vie s'éternise, où le bonheur est roi !

Merci, ô mon Dieu, de le faire entrevoir à ceux que j'aime tant, et, par l'intermédiaire de ma maman, à ceux qui désespèrent !

Ici, tout est possible ; ici tout est vrai, vivant, tout est mouvement ici, tout est radieuse unité, joyeuse communion !

Les images fantaisistes et farfelues du *monde spirituel* viennent de l'imagination des humains (chacun imagine le paradis à sa façon, suivant son caractère, ses désirs), mais aussi du fait que dans le *monde* de l'esprit, l'imagination a un pouvoir créateur.

Alors, bien sûr, nombreux sont les êtres désincarnés qui prennent l'illusion pour la réalité !

Ne te laisse pas distraire par les bruits du *monde*, par ses vanités, par ses fausses valeurs.

Ici, dans le *monde spirituel*, tout est beauté, douceur, amour, bonté.

Oh ! nous vous en prions, rayonnez. Rayonnez sur un *monde* encore sombre.

Comme nous serons heureux lorsque vous nous rejoindrez ! Comme nous vous ferons les honneurs de notre *monde* !

Ne te laisse pas importuner par la vaine agitation du *monde*, par ses bruits, ses cris, ne t'en affecte pas davantage que d'un essaim de mouches bourdonnantes.

Dans notre *monde*, tout est clair, vivant, vrai.

N'oublie pas que les deux *mondes* s'interpénètrent. Le vôtre est seulement plus lourd.

Entre les deux *mondes*, il n'existe aucune barrière, aucune frontière, aucun seuil, aucune porte : la vie, enfin libérée, s'épanouit ici, joyeuse, sublime, transfigurée.

Notre *monde* n'est pas nébuleux, brumeux et inconsistant ; il est réel, lumineux et d'une ineffable beauté.

Ce *monde* est si prodigieux, si lumineux, si heureux, que je voudrais vous en donner davantage qu'un pâle et si décevant reflet si loin, hélas ! de cette radieuse réalité. Quelle merveilleuse surprise sera la vôtre quand vous le découvrirez enfin !

Les sphères supérieures de notre *monde* sont au-dessus de nous spirituellement (c'est pourquoi nous disons que les êtres de Lumière en descendent), mais il ne s'agit pas d'une descente spatiale.

Quoi que je puisse te dire du *monde spirituel*, tu ne peux l'imaginer et tu seras merveilleusement étonnée en le découvrant.

Je vis dans un *monde* plus subtil qui est aussi le vôtre, mais avec des fréquences différentes.

Dans le *monde spirituel*, tout est si beau, si simple, si vrai, si radieux.

Laisse-toi guider par l'amour, cesse de souffrir du *monde*.

Les *mondes* s'interpénètrent et où tu es je suis, et où je suis, la vie est tellement plus jaillissante et vivante que sur la terre !

Ici tout a gravi un échelon vers ce qui est véritablement la Vie.

C'est le *monde* de la matière qui nous semble à nous inconsistant, puisque cette matière, nous la traversons.

Le *monde physique* est un jeu de masques, un jeu d'illusions, tandis que le *monde* où je suis est vérité vivante et radiante.

Allez de par le *monde,* riches d'amour, mais sans souffrir de sa dureté, de son indifférence.

C'est parce qu'il est amour que notre *monde* est tellement beau.

Comment vous dire le *monde spirituel* ? Les couleurs chantent et la vie danse dans une harmonie inconnue de la terre et dans une joie suprême.

Cette joie ineffable est lumière et elle est musique. Tout se fond, tout se confond en une beauté indicible.

Les deux *mondes* ne se trouvent pas dans des lieux différents. On ne quitte pas un endroit pour être projeté à des milliers de kilomètres.

Vous ne nous voyez plus, car notre taux vibratoire est beaucoup plus intense et rapide ici.

Vous avez tellement de mal à capter la longueur d'onde qui est la nôtre que les matérialistes bornés préfèrent nier son existence.

Le *monde spirituel* est formé de sphères de plus en plus éthérées et lumineuses. Mais ces plans ne sont pas superposés, étagés, ils s'imbriquent les uns dans les autres et s'interpénètrent.

Ceci, il faut bien le comprendre et je le répéterai autant qu'il le faudra, car trop de gens encore, nous cherchent dans les nuages.

Comment vous dire la beauté radiante, étincelante, aimante du *monde spirituel* ?

Vous êtes sourds et aveugles, vous qui restez prisonniers de vos corps de chair, mais, de plus en plus nombreux, vous dressez vers notre *monde* des antennes. De plus en plus nombreux...

Quand, de toute son âme, on aspire à davantage de lumière et de beauté, alors on gravit un degré du *monde spirituel.* Si notre esprit a fait le tour du plan où il se trouve et qu'il rêve de plus de clarté encore, alors il s'élève et devient plus diaphane.

***

TRANSCOMMUNICATION
(voix enregistrée)

Question. — Dans le **monde spirituel** *as-tu encore besoin de moi, de mon amour ?*

Réponse. — Oui.

Question. — Est-il plus difficile de naître à la terre que de naître au **monde spirituel**, *ce que les hommes appellent mourir ?*

Réponse. — Oh oui ! c'est plus dur.

Question. — Vois-tu le même **monde** *que nous ?*

Réponse. — Oh ! c'est plus vrai.

Question. — À ton arrivée dans le **monde spirituel**, *as-tu eu l'impression de retrouver un univers familier ?*

Réponse. — Oh oui !

Question. — Un jour, des appareils, proches de nos téléviseurs, pourront-ils capter le **monde spirituel et sera-t-il alors possible de vous demander conseil avant de prendre une importante décision mondiale ?**

Réponse. **— Oh oui ! ce sera possible, mais c'est trop tôt.**

Question. — Le **monde spirituel** *et le* **monde matériel** *s'apprêtent-ils à s'unir pour travailler ensemble à l'avenir de l'humanité ?*

Réponse. — Oui.

Question. — Le vent est-il le messager du **monde spirituel**, *aide-t-il à porter vos messages ?*

Réponse. — Je le pense.

Question. — Tout, autour de toi dans le **monde spirituel**, *est-il Lumière et amour ?*

Réponse. — Bien sûr !

MORT

Oui, nous sommes vivants, nous tous qui avons franchi le seuil de ce que vous appelez la *mort*.

La *mort*, c'est la vie plus légère.

La *mort*, ce n'est pas un trou noir, l'épouvante, mais la vie, la lumière et la joie.

La *mort* concerne chaque être. Tout être né à la terre devra mourir, c'est-à-dire naître à notre monde.

La *mort* est l'occasion pour chacun de redécouvrir son unité profonde. La *mort* reconstitue le puzzle de nos vies terrestres et elle l'infinit.

La *mort* ne sépare pas ceux qui s'aiment ; c'est la vie qui sépare.

La *mort* est le prolongement de la vie et elle en est l'épanouissement.

Ce que vous appelez la *mort* nous ouvre le monde de la beauté et de l'harmonie.

La *mort* est le retour à l'Amour.

Il ne faut pas penser à la *mort* comme à quelque chose d'angoissant, d'effrayant, mais comme à une envolée joyeuse dans l'éblouissement.

La *mort* n'est qu'un passage dans une autre dimension de la conscience.

La *mort* aussi est un rendez-vous.

Il n'y a pas de départ absurde ou inutile. Tout a été voulu, consenti.

Il faudrait cesser d'angoisser les êtres avec la peur de la *mort*. Elle est bonne et lumineuse.

La *mort* est toujours une ascension.

L'humanité nouvelle n'aura pas peur de la *mort* ; elle l'aura apprivoisée.

La *mort* est tout le contraire du repos. Nous travaillons beaucoup et toujours dans la joie.

Il n'est pas de *mort*. Seule la vie, infinie et radieuse...

Ce que vous appelez la vie sépare les êtres, car elle fragmente, sépare, oppose, oublie l'unité ; la *mort* au contraire réunit.

Il n'y a pas de *mort* ; tout est vie.

La *mort* est présence, présence immense mais invisible.

La *mort*, c'est le passage d'une vision limitée, relative, décevante à l'absolu de l'Amour.

Rends grâce pour la vie et la *mort* et pour tout ce qui t'arrive.

La *mort* est une différence de présence.

Il n'y a pas d'opposition entre la vie et la *mort*, car naître, c'est mourir et mourir, c'est naître. Mais si la *mort* nous ouvre le monde de la beauté et de l'harmonie, ce que vous appelez la vie nous propulse sur la terre méchante.

L'union entre deux âmes qui résiste à la *mort* est plus forte que tout, elle est même indéfectible. Réjouis-toi.

La *mort* est bonne : mourir, c'est se précipiter dans l'Amour.

Un jour, tu diras merci pour ma *mort*, pour ce départ qui est une arrivée dans la lumière et un retour émerveillé près de toi, près de vous.

Vous, les mamans qui réussissez à nous capter, vous êtes élues et chargées de mission.

Il faut proclamer que la *mort* n'existe pas et que la vie n'est pas ces trois dérisoires petits tours de marionnettes sur une scène tragique avec rien avant, rien après, un peu d'espérance, un peu de souffrance entre deux néants.

La *mort* est présence.

La *mort*, ce n'est pas une question d'espace. Non, nous ne nous enfuyons pas vers d'autres espaces, nous ne nous éloignons pas de vous, mais nous vivons désormais sur une autre longueur d'onde et notre taux vibratoire est plus subtil.

Non, la *mort* ne m'a pas pris. Elle m'a rendu à moi-même et à toi, et à la vie vraie, car ce que vous vivez n'est pas la vie, seulement sa caricature.

La *mort*, c'est quand on déchire cet habit trop étroit qui nous entravait, quand on arrache ce masque derrière lequel on cachait notre peur, quand, enfin, se lève le rideau qui nous dissimulait ce ballet vivant et merveilleux, cette splendeur radieuse et ineffable. Alors, seulement, on comprend le sens profond de toute existence.

Vous êtes enfermés dans la salle d'examen — car la vie terrestre sert à tester votre compréhension — et par les fenêtres, vous apercevez des fragments du monde, immense et splendide.

À la *mort*, toutes les portes s'ouvrent en une grande échappée de lumière. Mais, déjà, ton esprit peut s'évader et découvrir ce royaume que tu portes en toi.

Aucune *mort* n'est absurde.

Peu importe le moyen de franchir les portes de lumière !

La *mort* est cette sublime envolée dans l'Amour, la Beauté, la Clarté.

Ne pleurez pas vos enfants invisibles, ne craignez plus pour eux, ils sont désormais à l'abri de tout danger.

***

TRANSCOMMUNICATION
(voix enregistrée)

Question. — La **mort** *est-elle une transfiguration ?*

Réponse. — Oui (dit immédiatement), un silence, puis sur le ton de l'évidence : — Bien sûr !

MOT

Oh ! Que les *mots* sont pauvres !

C'est si beau ici, il n'y a pas de *mots*.

Les *mots* sont trop petits pour vous décrire ces merveilles.

L'ineffable hélas ! ne passe pas par les *mots*. Les *mots* déforment, tronquent, dénaturent. Mais qu'y pouvons-nous ?

Qu'en toi s'épanouissent les *mots* de vie, de beauté, de lumière, afin que tu puisses les offrir à tes frères assoiffés.

Si un *mot* était assez grand pour exprimer l'amour, tous les cœurs seraient consumés.

Il ne suffit pas de répéter des *mots*, il faut les vivre.

Les *mots* de la terre sont impuissants à décrire tant de prodigieuse beauté. Les paysages vus d'ici, avec leur aura vivante, leur rayonnement indicible, échappent à toute description. Comme nous voudrions partager avec vous tant de splendeurs radiantes !

Il est si difficile de vous donner une idée de notre félicité. Elle est impalpable, proprement ineffable, au-delà des *mots*, au-delà des sensations.

Rien n'est interdit ; ce que nous ne vous disons pas, c'est ce qui est impossible à retranscrire avec les *mots* de la terre.

Que les *mots* que vous prononcez ne soient pas que des *mots* ! Vivez-les.

Les *mots* qui sont finis ne peuvent exprimer l'infini.

Je voudrais t'expliquer tant de choses impalpables et, pour vous, insoupçonnées. Mais les *mots* sont trop lourds pour les traduire.

Les *mots* humains ne sont pas faits pour décrire la réalité du monde spirituel.

Quand tu transcris un message, sache que les pensées viennent de moi, mais que les *mots* sont de toi.

Les *mots* séparent, opposent, divisent, alors qu'ici nous saisissons l'unité vivante de tout ce qui existe.

Nous projetons nos ondes parmi vous, sous forme de *mots*, de couleurs ou de sons, car, tu sais, qu'il existe des médiums qui peignent les yeux fermés, guidés par une main invisible, tandis que d'autres continuent l'œuvre des grands compositeurs bien que n'ayant aucune connaissance musicale. Chacun reçoit nos ondes sous la forme qui lui convient le mieux.

*
**

TRANSCOMMUNICATION
(voix enregistrée)

Question. — Est-il difficile pour toi d'exprimer ta pensée à l'aide de **mots***, alors que, dans le monde spirituel, vous communiquez directement avec des ondes ?*

Réponse. — C'est très dur, maman, ça c'est vrai.

MOUVEMENT

Rien n'est immuable pour la bonne raison que tout est *mouvement*. La création n'est pas figée. Elle est vivante, donc, non seulement en perpétuelle évolution, mais sans cesse s'autocréant.

Je suis au cœur du *mouvement*, toi aussi, mais tu ne t'en aperçois pas.

Tout, autour de moi, est *mouvement*, ballet, Rien de figé !

***

TRANSCOMMUNICATION
(voix enregistrée)

Question. — Vois-tu le monde en **mouvement** *?*

Réponse. — Oui, le mouvement est partout.

MUR

Laissez-vous pénétrer de cette Lumière qui est en nous, qui est nous. Vos pensées de haine, d'égoïsme, de peur créent un *mur* ténébreux entre vous et nous. Mais nombreuses sont les brèches dans ce *mur*, creusées par les prises de conscience de plus en plus nombreuses des humains.

Rien n'est *mur*, ni séparation. C'est vous-mêmes qui bâtissez les *murs* qui vous enferment.

Aucun *mur* entre le monde spirituel et le monde matériel, aucune barrrière.

La mort n'est pas un *mur* (1), elle est un envol dans l'éblouissement.

La vie terrestre est une course d'obstacles, tant de *murs* à franchir qui vous rapprochent du but.

Ceux qui dressent des *murs*, qui ne veulent pas recevoir nos paroles, ne sont pas prêts à les entendre et moins encore à changer leur vie en découvrant qu'elle est infinie.

Aucun *mur* n'est infranchissable ! Va, sème, apaise, console...

---

(1) Abel faisait allusion à un test, présenté sous forme de questions, où la mort était symbolisée par un mur coupant la route de la vie.

Abel avait fait ce test. Il écrivait :

« Le *mur* est grand, grand. J'aperçois une échelle, je monte, je redescends de l'autre côté », — ce qui montrait un désir d'explorer l'autre côté des apparences.

MUTATION

La terre s'apprête à changer, mais elle ne changera que si chaque être travaille d'abord à sa propre *mutation*.

Le printemps va bientôt éclore : la vie jaillira, victorieuse, après le long sommeil de l'hiver.

En toi, de la même façon, se prépare à naître l'être nouveau. Cette *mutation*, accepte-la, même si elle est douloureuse : le papillon ne pleure pas sur la chenille qu'il a pourtant été.

L'homme est sur le point de changer. Bientôt ses vibrations seront plus subtiles, plus légères, plus spirituelles. Aide de toutes tes forces à cette prodigieuse *mutation*.

Il faut s'attendre encore à de terribles convulsions de ce monde dont la *mutation* réveille les forces souterraines.

Cette révolution des esprits qui présidera à l'ère nouvelle, cette fantastique *mutation* commence à se dessiner, mais, bien sûr, il faudra de longues années encore, pour qu'elle soit vraiment visible.

Celui qui refuse cette *mutation*, cette étonnante métamorphose ne peut survivre sur le plan terrestre.

Aussi ne vous étonnez pas de cette vague de suicides, de tant d'accidents, de tant de maladies fauchant de jeunes vies.

Cette immense marée qui monte chaque jour et s'apprête à recouvrir la terre pour la vivifier, la féconder et entraîner sa *mutation* durable est le plus sûr garant du monde de paix futur.

L'humanité s'apprête à subir une prodigieuse *mutation*, telle qu'elle n'en a jamais connu durant toute son histoire. Cette *mutation* entraîne nécessairement des bouleversements mal compris, donc difficiles à vivre pour le plus grand nombre des terriens. Il faut les aider à dépasser ce malaise, les éclairer, afin de leur permettre de naître d'eux-mêmes. N'est-ce point-là un travail exaltant ?

La terre marche vers sa nécessaire *mutation*. Mais, c'est en chacun que doit s'opérer d'abord la *mutation*.

Vous êtes des mutants qui, pour la plupart, ignorez que cette merveilleuse *mutation* trouve son origine, prend son départ, au cœur même de chacune de vos cellules qui vont devenir de plus en plus spirituelles, de plus en plus conscientes.

*
**

TRANSCOMMUNICATION
(voix enregistrée)

Question. — L'humanité s'apprête-t-elle à subir une prodigieuse **mutation** *?*

Réponse. — Oui, bien sûr !

N

NAISSANCE - NAÎTRE

Une *naissance* ou une adoption, c'est pareil. Il y a toujours choix de la part de celui qui va descendre dans un corps de chair. Il semble avoir oublié, mais en lui quelque chose sait.

Naître, c'est mourir, et mourir, c'est *naître*.

Il y a l'heure de la *naissance* aux réalités terrestres et aussi l'heure de la *naissance* sur cette dimension spirituelle. Accident, maladie, meurtre, qu'importe le cheval que nous prenons pour rejoindre l'au-delà. Aucune mort n'est absurde...

En fait, nous évoluons sans cesse et sans cesse, nous grandissons. La *naissance* à un plan spirituel plus éthéré correspond à la mort sur la terre. Mais nous gardons le contact d'un plan à l'autre. Tout est lié. Les êtres de lumière pure — ceux que vous appelez les anges — descendent vers nous et nous les sentons évoluer au-dessus de nous. J'emploie ces mots qui sont impropres puisque, sur terre, ils désignent une élévation physique et je te rappelle encore que les divers plans ne sont pas étagés, qu'ils occupent le même espace.

Victor Hugo avait raison, il faudrait pleurer sur la *naissance* d'un être à la dure vie terrestre, et se réjouir de cette *naissance* spirituelle que vous appelez la mort.

De toute ton âme, de toute ta foi, de toute ta joie, participe à la *naissance* de cette ère nouvelle qui permettra à l'homme de vivre enfin à sa véritable dimension.

Quand un monde meurt et s'écroule, c'est qu'un autre s'apprête à *naître*, plus beau et plus vrai.

Cette gestation, cette régénération demandent la participation consciente du plus grand nombre. C'est à ce prix que *naîtra* le Nouvel Âge.

NEW AGE (Ère nouvelle)

Le *New Age*, c'est cette immense prise de conscience collective des valeurs réelles qui seront celles de la nouvelle humanité, c'est la découverte émerveillée de ce Graal intérieur, qui permettra à chacun de comprendre que l'autre, c'est lui, ce qui entraînera la mort de tout égoïsme.

Alors seulement, règneront sur la terre la paix et la véritable fraternité.

Les temps vont changer. De plus en plus d'humains vont s'ouvrir à des réalités nouvelles. Vous devez être des éclaireurs.

Beaucoup de gens viendront partager avec vous les découvertes essentielles qui mèneront les hommes vers une nouvelle époque, une nouvelle morale, une fraternité vraie et aussi la perception des vibrations de notre monde...

Je suis fier de travailler avec vous à l'élaboration de ce monde nouveau, à cette prodigieuse révolution.

La terre en ce moment, s'apprête à changer. Nombreux sont ceux qui prennent conscience de la nécessité, de l'urgence de ce changement.

Une fois passés ces temps de confusion, les êtres humains vont apprendre à respecter la vie, et ils comprendront le sacré. Un *Nouvel Âge* naîtra.

Qu'elles seront belles les floraisons futures !

Demain sera meilleur qu'hier.

Il est parmi nous des êtres spirituels, dont la mission est d'aider la terre à renaître d'elle-même, à quitter sa vieille peau d'égoïsme, de haine, de mensonge et de violence pour devenir enfin une planète heureuse et confiante.

La terre s'apprête à muer comme un serpent qui change de peau. Je suis parti pour aider efficacement à ce changement.

La terre va retrouver la lumière originelle et renaître radieuse de son sombre passé.

Le monde va subir un grand changement, il va bientôt déposer sa vieille peau et devenir clair et beau. Comme dans les contes, la bête se transformera en prince charmant. La terre deviendra éblouissante, telle une princesse de lumière. Cette merveilleuse mutation s'accompagne de terribles soubresauts.

La période sombre que vit la terre va prendre fin.

La terre évolue vers son renouveau d'amour.

Le nouveau monde est déjà vivant en toi. Il est vivant en tous ceux qui travaillent à le créer.

Un jour viendra où tout sera paix, amour, harmonie sur terre. Le plan terrestre sera un reflet fidèle du monde spirituel. La terre marche vers cette sublimation, vers cette régénération, vers cette transfiguration, vers cette nécessaire mutation.

Mais c'est en chacun, que doit s'opérer d'abord la mutation.

Un réel début de prise de conscience se fait jour et c'est beau et encourageant. Il ne faut pas être trop impatiente. Et puis, tu n'as pas la vision de tout ce qui se passe dans sa globalité. Si tu pouvais voir tout ce qui s'éveille, tout ce qui naît, tout ce qui se lève, tu serais émerveillée.

De grands flux de vibrations neuves balaient la terre en ce moment. C'est une marée de vie qui monte.

Je suis heureux d'aider à ce renouveau sublime.

Par tes paroles, par tes écrits, annonce la bonne nouvelle : le règne de l'amour approche.

La terre, malgré tant de souffrances, va vers l'Unité radieuse, elle va vers l'amour, elle va vers cette religion universelle qui réunira tous les hommes, enfin heureux, en une même action de grâces.

Nous aidons à cette prise de conscience gigantesque et salutaire.

Le monde ne pourra faire peau neuve, qu'en mettant à jour toutes ses vieilles maladies, afin de les guérir. Toute mutation est à ce prix.

Vous êtes les pionniers du *Nouvel Âge*, mais ce sont les générations futures qui en recueilleront le fruit.

Ce nouveau monde sera comme le reflet du nôtre sur la terre.

Il s'accompagnera d'une gigantesque prise de conscience de chaque homme : chacun découvrira sa partie divine, chacun sera fidèle au meilleur de lui-même.

Quand viendra la *nouvelle ère*, la terre s'allumera au grand soleil de l'Amour. Ce n'est pas une utopie, c'est une réalité future à laquelle vous devez participer joyeusement.

Quand le *Nouvel Âge* sera en place, la parcelle divine qui est en chaque être s'épanouira en de radieux soleils.

Préparer cette *ère nouvelle*, telle est ma mission et la vôtre. Soyez prêts.

Travaille à cet âge d'or spirituel.

Les rationalistes et les sceptiques ne pourront pas entraver cette nouvelle prise de conscience qui déferle dans les âmes. D'ailleurs, un jour viendra où tous comprendront. Aie confiance.

La terre marche vers sa transfiguration.

Le rêve va devenir réalité, réalité radieuse.

Sois flambeau pour guider tes frères humains vers les temps nouveaux.

Travaille inlassablement à la naissance de ce *Nouvel Âge*, à cette indispensable révolution, à cette essentielle mutation. Travaille à ce but grandiose par tes pensées, par tes paroles, par tes écrits.

L'*ère nouvelle* sera celle de la communication entre le monde visible et le monde invisible.

Ici, tout est beauté, plénitude, bonheur. Alors nous saisissons mieux ce que sera le nouveau monde. Il sera un reflet du nôtre alors que le monde actuel en est la caricature.

Cette mutation commence à se dessiner. La terre, un jour, chantera en harmonie avec nos sphères. Elle connaîtra enfin les aubes radieuses.

Les temps vont changer, n'en doute pas.

L'*ère nouvelle* est le port visible et radieux.

L'ère qui va naître sera plus exigeante, exigence de vérité et de réelle fraternité.

Quand chaque homme comprendra que l'autre, c'est lui, le règne de l'amour pourra commencer. Ces temps approchent.

Regarde comme tout bouge, regarde comme s'éveillent les esprits.

Une nouvelle terre va naître des convulsions actuelles.

Le monde change malgré tant de souffrances.

Les nouvelles valeurs, vous les respirerez bientôt dans l'air ambiant.

Laisse-toi porter vers les rives de ce monde nouveau que tu as tant appelé, si profondément désiré.

Soyez ces hommes résolus, pionniers du *Nouvel Âge* afin que refleurissent les déserts et que chante la terre dans l'infini concert cosmique.

C'est la longue quête des hommes, le long effort des hommes qui permettront au monde nouveau de naître.

Un cycle s'achève ; la terre s'apprête à transmuter.

Le *Nouvel Âge* pointe à l'horizon.

Mais il faut être patient. Si, dans l'état actuel des consciences, la terre, grâce à un tour de magie divine, devenait soudain bonne et pacifique, sache bien que, quelques années plus tard, elle se retrouverait au même point. La violence, les guerres réapparaîtraient. C'est l'esprit de l'homme qui doit changer. Il s'apprête à découvrir sa divinité et alors toutes les vieilles mentalités (le profit, la discorde, les désirs de possession et de domination...) disparaîtront. Mais, je le répète, cette transformation ne peut être soudaine.

Elle s'opère déjà lentement en vous, sans que vous vous en aperceviez, comme la croissance d'un enfant.

De la boue actuelle naîtra l'or spirituel. Cette transmutation doit s'opérer aussi en chacun de vous. Soyez les alchimistes conscients de cette radieuse transformation. Déjà, vos corps s'épurent, vos cellules se spiritualisent, les atomes qui les composent vibrent à une fréquence plus élevée. Votre monde va être transcendé, il se rapprochera de plus en plus du nôtre.

Cette prodigieuse ascension vous conduira vers le sentiment radieux de l'unité de tout et de tous.

Les violences qui s'exacerbent, les guerres qui déchirent actuellement la terre sont les soubresauts qui aident à naître une planète nouvelle. Cet avènement ne peut se faire sans souffrances. Il faut que soient extirpées toutes les idées reçues qui figent l'évolution de la terre : rationalisme scientifique trop étroit, idéologies politiques dépassées, religions enfermées dans leurs dogmes et limitées par leur sectarisme. Tout ceci doit éclater pour que jaillisse l'Esprit et que règne enfin l'Amour.

Le spirituel va bientôt permettre au matériel et au temporel de se transcender. Les temps sont venus. Réjouissez-vous !

Le règne de l'amour sur la terre approche. Ne doutez pas à cause de tant de violences encore qui en sont les préludes nécessaires.

Les temps vont changer, de plus en plus les gens vont s'ouvrir à des réalités nouvelles

Vous devez être des éclaireurs, partager les découvertes qui mèneront les hommes vers une nouvelle époque, une nouvelle morale, une fraternité véritable. Si je suis parti en avant, c'est pour participer avec vous à ce travail de lumière et d'amour.

Vous devez être les pionniers et les bâtisseurs de cette *Nouvelle Ère*.

Je suis si heureux de travailler avec vous à l'élaboration de ce monde nouveau.

L'esprit s'apprête à adombrer la terre : alors, un ineffable amour, une conscience radieuse, une vie transcendée vont vous investir. Appelez, appelez ces temps nouveaux en répétant, « que Ton règne vienne ! »

L'homme se découvrira créature divine. Il se sentira frère de l'homme, frère de l'animal et, ses lourdes vibrations s'étant affinées, frère des anges.

Annoncez cette *ère nouvelle* ! Criez que cette éclosion sublime des temps futurs va bouleverser l'humanité tout entière. Le vieux monde ne sera plus qu'un souvenir enfoui au plus profond de l'inconscient avec son cortège de peurs et de souffrances.

La terre s'apprête à enfanter un monde de paix et d'amour. Aidez à cet enfantement par vos pensées positives. Ce nouveau monde, portez-le déjà en vous afin qu'il naisse plus vite.

Écoute la symphonie des hommes en harmonie. Écoute le chant des arbres. Oui, ce *Nouvel Âge*, ce monde nouveau existent déjà, puisque le temps est une illusion de la terre. C'est pourquoi de grands initiés, comme Victor Hugo, pouvaient déjà le pressentir, l'appeler et le chanter.

Oui, appelle de toutes tes forces cet âge heureux où la paix étendra sa robe de clarté sur la terre, où l'amour sera roi, où la vie sera hymne d'action de grâces.

Cette mutation, cette gestation, cette transformation, cette essentielle régénération ne se feront pas sans votre participation active ! Au travail ! Âmes de tous les pays, unissez-vous et avancez joyeusement vers ces horizons nouveaux !

Soyez le grain nouveau d'une terre nouvelle !

N'ayez pas peur des perturbations qu'entraîne la mutation de la terre. Elles sont nécessaires. Elles feront naître de fécondes réflexions et des prises de conscience. Car le nouvel homme s'apprête à naître de l'ancien et les certitudes, les mentalités, les croyances de l'humanité vont changer. Vous devez être les pionniers de cette transmutation, les prophètes de cet éveil grandiose.

Cette terre nouvelle que vous appelez viendra.

Les temps sont venus d'un âge nouveau, un âge spirituel.
Préparez-vous, dès à présent, à cette fantastique mutation.

De l'Amour, naîtront cette âme nouvelle, ces temps nouveaux.

Les temps approchent de cette immense mutation, temps d'aboutissement, mais aussi tremplin vers une nouvelle ascension d'une humanité sans cesse transcendée.

Ces guerres, ces bouleversements, ces cataclysmes, ces catastrophes, qui agitent la terre, sont les secousses nécessaires à l'enfantement de cet âge que tu attends avec tant de fervente impatience.

Cette époque est difficile, mais ô combien exaltante ! Ne pleure pas sur ce qui se désagrège ; réjouis-toi de tout ce qui se transforme, afin que de la boue passée jaillisse l'or pur.

Le *Nouvel Âge*, cette beauté, cette bonté nouvelles, c'est d'abord en vous qu'ils doivent fleurir, s'épanouir.

Pas d'enfantement sans souffrance ! Elle vient, cette ère de paix et de beauté, mais sa gestation est longue et pénible.

Le *Nouvel Âge*, cette réalité proche et lumineuse, pourtant, déconcerte tous ceux qui ont un esprit étriqué comme les matérialistes, mais aussi certains catholiques traditionnels, mal à l'aise en dehors de leurs dogmes.

Je suis parti le mois du Verseau pour mieux vous aider à travailler à cette formidable éclosion de lumière, à cette espérance immense. Je suis né dans ce monde sous le signe de cette *nouvelle ère* vers laquelle marche, à travers tant de souffrances, une humanité de plus en plus confiante, de plus en plus consciente.

Certains affirment que la terre est déjà entrée dans l'*ère nouvelle*. Non, pas encore ! Mais cet *âge nouveau* est désormais le port visible et radieux. Vous voguez vers lui.

L'*ère nouvelle* sera exigeante : exigence de vérité, de pureté et de véritable fraternité.

L'humanité n'a jamais cessé d'évoluer et voici qu'approche la venue de ces temps magnifiques où, enfin, la terre comprendra, après tant de ténèbres traversées, ce que le mot AIMER veut dire. C'est cela, ce *Nouvel Âge* promis à l'humanité. Hâte-le en témoignant : les temps sont venus de parler, d'écrire et d'annoncer à tous la bonne nouvelle.

Ce que vous nommez le *New Age* est déjà virtuellement là. À vous de réaliser cette virtualité. La beauté d'un rêve n'est-ce point de devenir un jour réalité ?

Le vieux monde s'apprête à disparaître, il se consume en un vaste incendie purificateur d'où il sortira transformé, transfiguré. Cette gestation, cette régénération, demandent la participation consciente du plus grand nombre. C'est à ce prix que naîtra le *Nouvel Âge*.

Attention ! le *New Age* n'est pas une mode, mais la mode s'en empare et ainsi en dénature le visage véritable et occulte la formidable espérance dont il est porteur. Ainsi, on a détourné et trahi, à travers les siècles, l'enseignement des maîtres et des prophètes. Restez vigilants. Les réponses sont à l'intérieur de vous, toujours.

⁂

TRANSCOMMUNICATION
(voix enregistrée)

Question. — L'humanité évolue-t-elle vers un âge de lumière, de paix et d'amour ?

Réponse. — Oh oui !

Question. — Ce que les hommes appellent l'esprit du **Nouvel Âge**, *la lumière, l'amour, vont-ils triompher enfin dans les cœurs ?*

Réponse. — Oui, je le crois.

NOURRITURE

Non, je n'ai plus envie de vos *nourritures* terrestres, c'est de *nourritures* spirituelles que je suis affamé.

Élevez vos vibrations et pour cela ne vous alourdissez pas par la consommation de *nourritures* riches en toxines, car votre corps agressé ne pourrait plus vibrer dans la joie et l'harmonie.

Que votre *nourriture* soit simple, saine, frugale.

Toute *nourriture* est sacrée.

Consommez une *nourriture* légère et équilibrée, afin qu'elle vous aide à trouver l'harmonie.

Refusez les *nourritures* sanglantes si vous voulez affiner au maximum vos vibrations.

La *nourriture* devient votre corps, manger est un acte d'amour.

La *nourriture* doit être préparée avec amour.

Oui, l'hostie est une *nourriture* divine. Jésus était un être du plan divin, aussi était-il dans tout ce qui est, dans le pain comme dans le vin. Il a pris ces deux aliments à la fois, comme symboles et comme réalité, car, il pouvait, bien sûr, lui, être divin, transmuer le pain en sa propre chair, le vin en son propre sang, afin de faire réfléchir les athées et de montrer à tous l'unité profonde de tout ce qui est. L'hostie est une *nourriture* sacrée puisque ce sont les paroles mêmes de Jésus qui sont prononcées sur elle : « Ceci est mon corps, ceci est mon sang. »

Elle doit affiner les vibrations de ceux qui l'absorbent, elle permet d'atteindre une réalité plus subtile à condition de la recevoir dans l'amour total.

Mais la création tout entière est divine et toute *nourriture* est donc sacrée. Ne l'oubliez jamais. Refusez le gaspillage.

Ici, nous n'avons plus besoin de *nourriture*. C'est par toutes nos cellules que nous absorbons l'énergie divine.

***

TRANSCOMMUNICATION
(voix enregistrée)

Question. — N'as-tu plus jamais faim de **nourritures** *matérielles ?*

Réponse. — Je n'en ai plus besoin, maman.

NUIT

Nos *nuits* sont plus claires que vos jours.

Ici, il n'y a pas de *nuit*, il n'y a pas d'ombre, tout est rayonnant.

Bien sûr, je peux lire dans l'obscurité, nous ne connaissons pas vos ténèbres. Il n'y a pas de *nuit*, il n'y a pas de jour, il y a cette lumière qui émane de tout, qui rayonne du cœur de chaque objet.

La *nuit* nous rapproche. N'en fais pas une ennemie.

La *nuit* est bienfaisante. Elle apporte l'apaisement à vos esprits et à vos cœurs. Elle est le royaume du songe.

Quand brille le soleil, travaille pour la terre ; mais la *nuit*, ouvre-toi au mystère.

Allume chaque âme et la *nuit* disparaîtra.

La *nuit* la plus sombre porte en elle la promesse d'une aube nouvelle.

Tout est jour, même la *nuit*.

Cette *nuit* de la Saint-Jean, une fête fort vieille et sacrée, correspondant au solstice d'été, est une *nuit* qui favorise la communication entre les mondes, une *nuit* sacrée.

La lumière doit déferler sur la terre afin que les êtres de *nuit* en soient inondés.

Il n'y a pas de *nuit* ici. Le soleil physique n'éclaire que vos dimensions matérielles, la nôtre est illuminée par un soleil spirituel, la lumière sort de tout ce qui existe, tout rayonne, irradie.

Puisse cette *nuit* de Noël, cette *nuit* magique, cette *nuit* ruisselante d'étoiles rayonner au cœur des hommes comme un symbole d'espérance !

La *nuit* de Noël est belle des rêves de milliers d'enfants qui attendent la merveille. C'est une *nuit* où le ciel descend sur la terre.

***

TRANSCOMMUNICATION
(voix enregistrée)

Question. — La **nuit** *vivons-nous près de vous, avec vous ?*

Réponse. — Oh ! toujours.

Question. — Suis-je davantage avec toi la **nuit**, *durant le sommeil ou le jour, quand je suis éveillée ?*

Réponse. — Tout le temps.

Question. — Est-ce que la **nuit** *je rejoins le monde spirituel ?*

Réponse. — Oui, bien sûr ! N'en doute pas (1).

Question.. — L'histoire que je vis avec toi, la **nuit**, *quand je dors, est-elle la vraie ?*

Réponse. — Oui, bien sûr, ma petite maman, n'en doute pas (1).

---

(1) Réponses presque semblables et pourtant obtenues à plusieurs mois d'intervalles.

O

OBSTACLE

La vie terrestre est une course d'*obstacles*.

Remercie pour les *obstacles* qui font partie de la route que tu as choisie et qui te mènent là exactement où tu dois aller.

Les *obstacles*, les ennuis quotidiens, les difficultés, il ne faut ni les refuser, ni les contourner, mais comprendre leur vrai sens et les transfigurer, les transcender.

Certaines choses peuvent vous être révélées, d'autres non, sinon il n'y aurait plus de mérite à franchir un *obstacle* qui, du coup, n'en serait plus un.

Face aux *obstacles* de la vie terrestre, vous avez la liberté de réagir bien ou mal.

Ta sollicitude maternelle n'empêchera pas tes enfants de rencontrer les *obstacles* nécessaires à leur chemin de vie.

Tout humain qui s'incarne est comme un être devenu soudainement amnésique : son aspiration au Divin, le souvenir de son passé lointain et ses engagements contractés dans le monde spirituel gisent en lui, intacts, mais il croit les avoir oubliés et se heurte aux *obstacles* qu'il a lui-même choisis.

Les corps physiques sont des *obstacles*, *obstacles* au véritable Amour, *obstacles* à la Connaissance.

N'oublie jamais que les *obstacles* ne sont qu'apparence, illusion. Comme dans les légendes, ils disparaissent quand on ne craint plus de les affronter.

Les *obstacles*, sur ton chemin, te propulsent vers le but parfait, qui est celui de toute créature.

Et si l'*obstacle* est grand, c'est que tu as été jugée digne de le surmonter.

Nul *obstacle* n'est infranchissable. N'oublie pas, c'est toi qui as choisi les grandes lignes de ton parcours terrestre.

L'*obstacle* que tu ne refuses pas, tu l'as déjà vaincu.

Si tu remercies, les *obstacles* deviennent promesses, allégresses.

Ne fais pas *obstacle* à ce travail qui s'accomplit en toi.
Abandonne-toi.

Trop souvent ceux qui transmettent la flamme sont en butte à la dérision. Ne te laisse pas abattre par ces petits *obstacles*.

Les *obstacles*, les épreuves, les petits problèmes de la terre, font partie du chemin. Ils s'évanouiront ainsi que de la fumée et, dans quelques années, tu ne t'en souviendras même plus. Tout ceci passe. Tout ceci est sans consistance, sans existence réelle.

Les *obstacles*, c'est vous-mêmes qui les avez choisis.

Ne prends pas les *obstacles* trop au sérieux ; aussitôt franchis, ils sont oubliés. Et puis la vie terrestre n'est qu'un infime fragment de seconde dans l'éternité, ce qui relativise tous vos petits soucis.

Ne souffre pas à cause des *obstacles* rencontrés, ne pleure pas sur ceux qui ne comprennent pas. Sur terre, rien ne peut être parfait et il ne faut pas, sans cesse, te blesser à cette imperfection.

Nul *obstacle* ne doit te faire oublier la grandeur du but.

OISEAU

Les *oiseaux*, les papillons, innocents du mal du monde, vibrent en harmonie avec nos sphères radieuses. Ils en sont parmi vous les messagers.

Tout est signe, l'envol d'un *oiseau*, le chant d'un rossignol, un battement d'ailes.

Je t'enverrai des *oiseaux*, sois attentive.

L'*oiseau*, c'est moi qui l'ai dirigé vers toi... Je t'en enverrai d'autres, des *oiseaux* et des papillons.

Les symphonies des *oiseaux* sont musique divine.

Les *oiseaux*, comme les papillons, sont des messagers.

⁂

TRANSCOMMUNICATION
(voix enregistrée)

Question. — Est-il possible pour toi de m'envoyer des **oiseaux**, *des papillons en détournant le cours de leur vol ?*

Réponse. — Oh oui ! C'est possible.

Question. — Les **oiseaux**, *les papillons aux vibrations si légères sont-ils davantage en harmonie avec le monde spirituel ? Sont-ils pour vous des messagers ?*

Réponse. — Je le pense, oui.
Je t'en envoie, maman.

OMBRE

Ce que vous croyez l'*ombre* est habité ; ce que vous nommez l'*ombre* est clarté.

Nous ne sommes pas des *ombres*, nous sommes des lueurs.

L'*ombre* est transparence.

Écoutez les voix qui vous parlent dans l'*ombre*.

Ici, il n'y a pas de nuit, il n'y a pas d'*ombre*, tout est rayonnant.

Le mal n'est que l'*ombre* du bien.

Dans le monde spirituel, il n'y a pas d'*ombre*, en aucun sens de ce terme.

Notre corps spirituel est traversé par la lumière, il ne lui fait pas obstacle : donc, nous ne projetons aucune *ombre*.

La vie dans la matière est un jeu d'*ombres*.

Nous ne vivons pas dans l'*ombre*, mais dans un jour éternel et radieux.

Ceux qui sont devenus pour vous invisibles ne sont pas des *ombres*, comme on dit, mais bien des lumières pensantes et aimantes.

Tu ne peux répandre d'un coup de baguette magique la lumière et l'harmonie. Chaque être crée ses propres *ombres*.

Ceux qui projettent sur les autres leurs *ombres* ne savent pas que c'est sur eux qu'elles reviennent.

Marche, vêtue de lumière, loin des *ombres* de la terre.

Maman, je vais t'entraîner vers des routes de feu. Tu dois devenir transparente et radiante. Ne t'inquiète pas de ceux qui préfèrent l'*ombre*.

Pas d'*ombre* ici, la lumière émane de tout, rayonne dans tous les sens.

Le monde où je suis, est si radieux que son existence fait oublier toutes les *ombres* de la terre.

N'est-ce point de ces *ombres* que, durant tant de siècles, ils ont projetées hors d'eux, comme le calmar crachant son encre, que les humains sont prisonniers ?

ONDE

Tout est *onde*, tout bouge, tout danse.

Nous sommes nous-mêmes des *ondes*...

Vous vivez au milieu de ces *ondes* sans vous en apercevoir.

C'est à l'aide d'*ondes* que nous communiquons d'une sphère à l'autre.

Les *ondes* plus subtiles, aux vibrations plus rapides, qui constituent notre monde, un jour, seront connues de vous. La porte de cette science nouvelle est déjà entrouverte.

Des *ondes* spirituelles vous entourent sans que vous en soyez conscients.

Il faut t'imprégner des *ondes* radieuses des êtres de lumière.

Tout est *onde*, tout ce que tu vois et tout ce que tu ne vois pas. Même l'amour est *onde*.

Vous êtes sans cesse traversés par des *ondes* spirituelles avec lesquelles vos corps de lumière sont en connexion.

Vous évoluez parmi les *ondes*, venues de notre monde, sans le savoir. Si des athées disent qu'ils ne les voient pas, réponds-leur que vous ne voyez pas non plus l'air que vous respirez, que vous ne voyez pas les *ondes* de la radio, que les sens terrestres sont très imparfaits et limités.

Ces *ondes* spirituelles que vous ne percevez pas, vous pouvez les sentir, les capter, elles vous pénètrent.

De la même manière que vous avez besoin d'oxygène pour alimenter vos cellules, nous autres nous rechargeons d'*ondes* praniques.

Abandonne-toi à nos *ondes*, sens comme elles te pénètrent.

Le monde est bien plus prodigieux que ne le croient la plupart des êtres... Nous tentons d'impressionner avec nos *ondes* spirituelles des appareils comme la télévision, faits pour capter des *ondes* terrestres. C'est ainsi qu'on peut apercevoir fugitivement sur vos écrans nos corps spirituels.

Ainsi que la rosée pénètre au cœur de la fleur, de même les *ondes* spirituelles doivent pénétrer en toi. Ouvre-toi.

*
**

TRANSCOMMUNICATION
(voix enregistrée)

*Question. — Votre univers est-il constitué d'***ondes** *interférant notre univers matériel ?*

Réponse. — Oh oui ! C'est vrai.

Question. — Les savants vont-ils bientôt réussir à capter ces **ondes** *et à les étudier ?*

Réponse. — Oui, maman ! Mais pas encore.

Question. — Comment parles-tu dans les cassettes ? Projettes-tu des **ondes** *sur le micro ?*

Réponse. — Oui, bien sûr !

P

PAIX

Que chaque homme fasse la *paix* en lui et la *paix* régnera sur la planète !

Rayonne la *paix*, car la *paix* est contagieuse.

Que la *paix* soit en toi ! Toujours.

Sois un messager de *paix* et de joie.

Paix à toi ! *Paix* en toi !

La *paix* se construira lorsque chaque humain projettera sur les autres des sentiments d'amour.

Proclame la *paix* et l'amour et tu seras la *paix* et l'amour.

Gardez, quoi qu'il arrive, la *paix* intérieure. Dans les pires moments, face aux pires événements, restez sereins et interrogez-vous sur leur sens profond.

Même dans la souffrance, la maladie, ne cessez de proclamer la *paix* ; mieux, laissez-la s'épanouir en vous, comme une fleur de lumière, afin qu'elle prenne possession de votre être tout entier.

La vie terrestre n'est supportable que si vous vous laissez envahir par la *paix* de notre sphère.

Pense à moi avec amour et *paix*.

Que la *paix* soit en toi ! N'agite pas ton mental. Ne te laisse troubler par rien.

Répète des mantras divins comme *PAIX* - amour - lumière.

Seule la *paix* intérieure vous permettra de comprendre — de la vraie compréhension — le monde qui vous entoure.

Il est en *paix* celui que rien ne trouble, ni la joie, ni l'épreuve.

Pour que la *paix* se répande sur la terre, il faut d'abord qu'elle s'installe en chaque cœur.

Laissez-vous pénétrer de la *paix* divine, en harmonie avec votre âme, elle-même étincelle divine. Que vos pensées soient sereines, apaisées !

Votre moi réel et divin est en *paix*. Loin des désirs et de l'agitation du monde, il EST.

L'homme en *paix* avec lui-même, apporte la *paix* à tous ceux qui l'approchent et ceci, même au milieu de l'agitation et des situations les plus troublées.

Il regarde tout d'un œil tranquille, celui dont l'âme est en *paix*.

Face à la guerre, il faut oser affirmer la *paix*.

Celui qui a trouvé la *paix* intérieure restera serein, même au cœur de l'agitation, du trouble et de la violence.

PARADIS

Le *paradis*, c'est l'état de béatitude et d'immense bonheur final de l'âme qui a retrouvé l'embrasement divin, la merveilleuse unité.

Ce que les chrétiens appellent *paradis*, enfer ou purgatoire sont des états spirituels, des niveaux vibratoires qui correspondent à des niveaux de conscience.

Ceux qui ont atteint cette sphère de Lumière pure se confondent eux-mêmes avec la lumière. Ce qu'ils vivent est sublime, impossible à concevoir, car totalement, radieusement ineffable. C'est cela le *paradis*.

Les êtres, en une longue et douloureuse quête, marchent vers ce *paradis*, dont ils portent en eux la nostalgie éblouie.

Gagner le *paradis*, c'est retourner aux sphères divines, à la vibration ultime où la vie éclate en lumière.

PARDON - PARDONNER

Le *pardon* est essentiel. Celui qui *pardonne* donne à l'autre la liberté de se *pardonner* à lui-même, car c'est chacun de nous qui préside à son propre châtiment. Il n'y a pas de pire bourreau que soi-même. C'est pourquoi il ne faut pas maudire... Jamais !

Pardonne et donne.

Oui, *pardonne*. « Ils ne savent pas ce qu'ils font », comme disait Jésus. Et sache que les blessures, les calomnies, même si elles te font mal, parce qu'elles te font mal, te font avancer sur le chemin.

PARLER - PAROLE

La *parole* est sacrée. Que par vous elle redevienne le Verbe !

Surveillez vos pensées, vos *paroles*, ne crachez pas des mots orduriers qui souillent et polluent votre environnement.

Que vos *paroles* soient d'amour !

Transmets par tes *paroles*, par tes écrits, ta foi, ta joie et ces radieuses certitudes que je tente de te communiquer.

Votre aura a la couleur ou l'absence de couleur de vos *paroles*, de vos pensées. Qu'elle soit radiante !

Tout est *parole*, langage. L'univers parle, l'homme traduit... et trop souvent trahit.

La *parole* parfaite, c'est le silence.

Les *paroles* sont des énergies que vous devez canaliser vers le beau, le positif.

*
**

TRANSCOMMUNICATION
(voix enregistrée)

Question. — Dis-moi quelques mots.

Réponse. — Nos **paroles** sont enregistrées.

Question. — Est-il plus facile pour vous de nous **parler** *la nuit que la journée ?*

Réponse. — Il n'y a pas une heure spéciale. Si vous avez envie de nous **parler**, nous aussi.

Question. — Est-il essentiel pour ceux qui ont le bonheur de communiquer avec vous de transmettre vos **paroles** *?*

Réponse. — Oh ! bien sûr !

PARTIR

Il ne faut pas pleurer, nous ne sommes pas *partis.*

Je ne suis pas *parti* ; au contraire, je te suis rendu, car je me suis retrouvé, alors que sur la terre, je m'éparpillais.

Vous nous croyez *partis,* alors que jamais nous n'avons été aussi près ; absents alors que nous sommes présents à vos côtés sans cesse.

Vous dites que nous sommes *partis.* Pourtant, nous n'avons jamais été aussi près de vous.

Je suis près de toi, je ne suis pas *parti.*

***

TRANSCOMMUNICATION
(voix enregistrée)

Question. — Es-tu **parti**, *comme tu me l'as dit, afin que mon message d'amour se teinte d'éternité ?*

Réponse. — Oh oui ! maman ! Mais je ne suis pas **parti**, je suis là.

PASSÉ

Ici, nous renouons avec notre *passé* le plus lointain, nous rassemblons le puzzle de nos vies : tout ce qui a été, est.

Le *passé* est un mot vide de sens. Tout ce que nous avons vécu continue à être.

Pas de *passé,* pas d'avenir, le temps n'est qu'illusion.

Le *passé* et l'avenir sont entièrement contenus dans la minute présente.

Tu peux embrasser entièrement dans la seconde actuelle tout ce que tu as vécu et tout ce que tu vivras (1).

(1) Interrogé sur les vies antérieures, Abel emploie le présent : — Je suis un garçon, je m'appelle X, j'habite l'Angleterre, etc.

***

TRANSCOMMUNICATION
(voix enregistrée)

Question. — Dans l'au-delà, vous emportez toute votre mémoire terrestre et vous retrouvez même la mémoire intégrale de votre **passé** *le plus lointain, n'est-ce pas ?*

Réponse. — Oui, c'est vrai.

PATIENCE - PATIENT

Apprends la *patience*. Chaque événement, chaque rencontre, ont lieu exactement à la seconde où ils devaient se produire.

La *patience* est une vertu qu'il vous faut acquérir. Comme dit le proverbe : « Tout vient à point à qui sait attendre ».

La *patience*, doit se conquérir... Apprends à attendre et sache qu'une attente qui te semble immense, interminable, n'est, en fait, qu'un retard d'un millième de millième de seconde sur le cadran de l'horloge de l'éternité.

Sois *patiente* toujours, car tout vient à point.

Il te faut être *patiente,* car chaque chose vient en son temps. Tu ne peux rien hâter, rien précipiter.

Je t'enseignerai la *patience.*

Le temps est une illusion, donc ce que tu attends est déjà là. Si tu as compris ceci, tu ne peux être que *patiente.*

Apprends la *patience.* C'est le but de toutes ces attentes qui te sont imposées.

Tu ne peux avancer d'une seconde, le temps d'une rencontre, d'un événement. Alors, sois *patiente.*

Ne t'inquiète pas, sois *patiente* : il n'est jamais trop tard. Chacun de vous dispose de l'éternité.

***

TRANSCOMMUNICATION
(voix enregistrée)

Question. — Quel est mon principal défaut ?

Réponse. — L'impatience.

PENSÉE

Si vos *pensées* sont pures, vous attirerez des êtres purs.

Pour que la terre connaisse enfin le règne de l'amour, il faut que les *pensées* de la majorité des humains changent, que l'amitié, la solidarité, la bonté, le désir de comprendre et d'aider, deviennent leurs principales préoccupations, car déjà durant la vie terrestre, la *pensée* est créatrice.

Entoure-toi de *pensées* positives, de *pensées* constructives.

Que vos *pensées* soient joyeuses, lumineuses ! Soyez les flambeaux qui éclairent un monde encore sombre et confus !

Ce sont les *pensées* des terriens qui créent la beauté, la paix ou, au contraire la peur, la guerre.

Vous pouvez capter nos *pensées*, à nous, désincarnés, si vous nous aimez et si vous êtes suffisamment purs.

Mes *pensées* prennent corps à travers toi. Répands-les.

Nous pénétrons vos *pensées* bien mieux que sur la terre. Nulle incompréhension, nulle hypocrisie ne sont possibles.

Tout nous atteint, nous captons vos moindres *pensées*.

Nous nous déplaçons à la vitesse de la *pensée*, c'est-à-dire quasi instantanément. Au moment même où nous émettons le désir de nous rendre quelque part ou auprès de quelqu'un, nous y sommes transportés. C'est vraiment merveilleux !

Que vos *pensées*, vos paroles soient belles, harmonieuses ! Entourez-vous d'une aura de mots-lumière et répandez-les, telle une semence féconde et radieuse ! Ainsi vous hâterez les floraisons futures.

Soyez de puissants émetteurs de *pensées* joyeuses, de *pensées* harmonieuses, de *pensées* radieuses, pour que la terre s'éveille enfin, de son long cauchemar de peur, de haine et de violence.

Que pures soient tes *pensées* et tes aspirations !

Ici, dans le monde spirituel, nous pouvons aller d'un point à l'autre par la seule force de la *pensée.* Il nous est également possible d'envoyer nos *pensées* à un autre désincarné et de recevoir les siennes, si éloigné soit-il. C'est pratique pour contacter ceux dont vous nous demandez des nouvelles. Nul ne s'égare, nul ne se perd comme sur la terre, et c'est rassurant et apaisant... La *pensée* est également créatrice, ce qui fait que certains prennent les illusions qu'ils projettent pour des réalités.

Comme les erreurs qu'ils ont professées durant leur vie terrestre persistent après la mort du corps physique dans les esprits fanatiques (n'oublie pas qu'ils arrivent ici avec toute leur mémoire, leurs idées reçues), certains continuent à s'aveugler et, comme la *pensée* dans notre monde est créatrice, ils s'entourent d'images correspondant à leurs préjugés terrestres et ne voient du monde spirituel que ce qu'ils s'attendaient à y trouver.

Le vieux mode de *penser,* le fanatisme, la violence semblent retrouver de la vigueur en ce moment. Si les valeurs du passé s'exacerbent, c'est que leur fin est proche. Ne t'inquiète pas.

Prenant les projections de leurs *pensées* erronées pour des réalités, les êtres intolérants continuent à croire, ici, en leurs erreurs et se regroupent même entre eux, en des sortes de sectes.

Lorsque la terre aura changé et que les humains seront enfin éclairés, alors seulement disparaîtront des premiers plans de l'univers spirituel ces esprits bornés. Tu vois combien nos mondes sont liés et comme il est important pour nous que les hommes accèdent vite à une nouvelle conscience.

Il m'est plus facile de te transmettre des *pensées* par télépathie que si j'avais gardé mon enveloppe charnelle, car les corps font obstacle.

Nous saisissons directement les *pensées,* donc nous pouvons comprendre toutes les langues.

Que vos *pensées* soient positives, lumineuses, car c'est de *pensées* négatives que se nourrit le vieux monde. Hâtez la venue des temps nouveaux !

*
**

TRANSCOMMUNICATION
(voix enregistrée)

Question. — Peux-tu lire directement à l'intérieur de nos **pensées** *?*

Réponse. — Oui, bien sûr ! Et je le fais.

PEUR

N'aie pas *peur*, ni de la vie, ni de la mort.

Il faut éloigner de vous toute *peur* lorsque vous parlez de nous. Ce sont vos *peurs* et vos doutes qui nous empêchent de vous envoyer davantage de signes de notre présence vivante à vos côtés.

Les hommes, pendant des siècles, ont eu *peur* et ont forgé eux-mêmes les barreaux de leurs cages.

La *peur* doit disparaître, elle est liée au vieux monde qui la brandissait comme un sombre étendard pour mieux asservir les esprits.

Cette *peur* en vous, il faut absolument vous en débarrasser pour aller plus loin dans l'émerveillement. Abandonnez-vous.

La *peur* est la pire des choses, elle entrave l'évolution. Déshabillez-vous de la *peur*, de toutes vos *peurs*.

Quitte la *peur*. Abandonne-toi. Plus tu seras apaisée, plus je pourrai te donner et plus tu pourras recevoir.

Il ne faut pas avoir *peur*, car rien n'est contraire à ce qui permet d'évoluer, de devenir meilleur, de mieux comprendre aussi.

N'ayez pas *peur* de ceux qui ont quitté leur vêtement de chair. Pourquoi auriez-vous *peur* de ceux que vous avez aimés ?

Que les gens sachent que la mort, ce n'est pas un trou noir, l'épouvante, la *peur*, mais la vie, la lumière et la joie.

Ce qui entrave notre communication avec vous, c'est trop souvent la *peur*. Pourtant, notre présence spirituelle est tout aussi naturelle que notre présence physique. Le fait d'avoir déposé notre corps de chair ne change rien. Nous sommes là, toujours aussi aimants, toujours aussi heureux de vous parler. Davantage encore. Mais quand une personne a *peur*, c'est impossible.

Quitte la *peur* comme on se débarrasse d'un vêtement trop étroit.

La *peur* est ce qui paralyse vos initiatives et empêche votre épanouissement.

Débarrassez-vous de la *peur* de la mort car la mort est bonne et lumineuse.

N'aie pas *peur* de la terre. Elle s'ébroue en ce moment comme une bête qui met bas.

N'ayez pas *peur* : tout ce qui est, doit être, même ce qui semble le mal.

La *peur*, l'angoisse, nous les avons quittées avec notre corps physique.

Déshabillez-vous de la *peur*.

En tout être rayonne le Divin et c'est pourquoi, malgré les souffrances, les épreuves, il faudrait réussir à oublier toutes vos *peurs*.

Il faut éloigner de vous toute *peur*, car la *peur* est mauvaise conseillère.

Celui qui a trouvé la paix ne saurait avoir *peur*, même au milieu d'un combat.

Ô l'amour frissonnant des mamans ! Quand nous sommes bien à l'abri dans le monde spirituel, vous avez *peur* de nous retenir et de nous empêcher d'évoluer. Quitte la *peur* et sache que c'est là un faux problème.

N'aie pas *peur*, ouvre ton cœur.

Bannissez la *peur*, elle entrave votre évolution.

N'ayez pas *peur* : toute épreuve, individuelle ou collective, mène toujours vers davantage de conscience. Il faut parfois bousculer ceux qui ne veulent pas comprendre afin que s'ouvrent les esprits, et que la lumière pénètre les cœurs.

C'est votre *peur* qui, trop souvent, nous empêche de communiquer.

La *peur* vous paralyse, alors que notre présence spirituelle à vos côtés est lumière et amour.

N'aie pas *peur*, ne t'inquiète de rien. Tout est bien, juste, vrai et beau.

À celui qui s'abandonne, Dieu enlève la *peur*.

À propos de la mutation de la terre, il ne faut pas avoir *peur* de ce qui pourrait se passer. Le vieux monde ne lâchera pas prise si facilement.

N'aie pas *peur*, ne t'angoisse pas : chaque événement, qu'il te paraisse positif ou négatif, te rapproche du but. Tout est voulu. Il faut se réjouir de tout, ou du moins le faudrait-il.

Que rien ne te fasse *peur*, puisque tout concourt au bien de l'ensemble.

N'aie pas *peur*. Si ton cœur est pur, tu n'as rien à craindre des convulsions d'une terre qui s'apprête à accoucher d'elle-même.

Va sans *peur* sur ce chemin qui est le tien. N'oublie jamais que j'ai saisi ta main et que je suis là pour t'aider à délivrer ton message d'amour.

Oublie la *peur*, la rancœur et la rancune. Abandonne-toi à la confiance et à la joie.

La *peur* est manque de confiance.

L'humanité doit dépasser sa *peur* ; elle va bientôt renaître.
Propage partout cette bonne nouvelle.

La *peur* limite, la *peur* entrave. Chasse-la loin de toi.

Seule la *peur* vous empêche de franchir vos limites, ces limites que vous vous êtes forgées, oubliant votre infinitude, votre éternité.

C'est parce que vous êtes en pleine mutation que vous avez *peur*, *peur* de cet autre qui est vous, et qui s'apprête à naître de vous.

Quittez la *peur* de mourir, quittez la *peur* de vivre. Ce n'est d'ailleurs qu'une seule et même *peur*.

Pourquoi avoir *peur* du divin Amour, alors que tout est sorti de lui ?

Débarrasse-toi de la *peur*, de toutes tes *peurs* et alors pourra surgir l'amour.

C'est la *peur* qui vous limite, qui vous entrave, qui vous empêche de vibrer à nos fréquences.

Sacrilège est cette conception d'un Dieu d'épouvante, d'un Dieu de terreur qu'il faudrait craindre ! C'est au contraire aux vibrations de l'amour que vous devez vous ouvrir.

De quoi aurions-nous *peur* ? La nature n'est jamais menace pour notre monde.

Nous ne craignons aucun naufrage, aucun incendie, aucune tempête. Nous n'avons plus *peur* de la maladie, plus *peur* de la souffrance physique.

Quitte la *peur* et tu découvriras la sérénité.

C'est la *peur* qui trop souvent fait agir et mal agir.

N'aie pas *peur*, ne t'angoisse pas, sois ouverte et claire de partout.

Que tes *peurs* se consument au grand feu de l'amour !

La vie est harmonie et ce qui vous empêche de le voir, c'est tout ce que vous créez de négatif par vos *peurs*, vos doutes, votre orgueil.

La *peur* est ce qui paralyse vos initiatives et empêche votre épanouissement.

Rien n'est pire que la *peur*, elle négativise, elle déstructure, elle désagrège.

Les gens aiment avoir *peur*, d'où la commercialisation de ces prophéties apocalyptiques, ou qu'on interprète en les tirant vers l'horreur, afin de mieux effrayer.

Remarque que cette *peur* peut être féconde et forcer certaines personnes à réagir et agir. Nostradamus est très difficile à décrypter et souvent, on ne le comprend bien qu'après coup.

Éloignez de vous la *peur*, apaisez-vous et vous percevrez mieux notre présence et notre aide.

Quittez toutes vos *peurs*, vivez comme le jeune animal qui fait confiance.

Et si la *peur* engendre la destruction, le racisme et la haine, l'amour, lui, conduit au dépassement de l'être et à sa réalisation.

Abandonnez-vous complètement. Ce qui résiste en vous, c'est la *peur*, cette *peur* qu'il faut absolument chasser afin d'aller plus loin dans l'émerveillement.

***

TRANSCOMMUNICATION
(voix enregistrée)

Abel. — N'aie pas **peur** ! T'es ma bien-aimée.

A la suite d'un cauchemar très angoissant, en pleine nuit, j'appelle Abel et j'entends :

— N'aie pas **peur**, je suis là, je suis avec toi.

PHILOSOPHE - PHILOSOPHIE

La plus belle *philosophie* est celle de l'enfant qui admire une fleur ou qui contemple l'azur du ciel.

L'abandon, consenti et conscient, voilà le fond de toute véritable *philosophie*.

Un *philosophe* possède parfois moins de sagesse vraie qu'un berger.

Aime encore et toujours, aime à démesure, c'est cela le sésame ouvre-toi de toutes les *philosophies*.

Aucune *philosophie* ne vaut une minute d'amour véritable.

Le *philosophe*, trop souvent, se coupe de la source vraie de toute spiritualité : l'Amour.

PIÈCE (de théâtre)

La vie terrestre est une *pièce* de théâtre. Ne souffre pas du jeu des acteurs qui n'est que la projection de la vraie Vie qui est ici.

Chaque existence humaine, telle une *pièce* de théâtre, fait partie du plan divin et concourt dans son apparente dysharmonie à l'harmonie universelle.

La *pièce* de théâtre que vous jouez, a été sinon écrite, du moins acceptée par vous. Mais, en vous incarnant, vous l'oubliez.

La vraie *pièce* se joue ici (dans le monde spirituel). Vous, vous restez dans les coulisses.

PIÈGE

L'homme, pendant ces années qui lui sont données sur la terre, erre incertain et se blesse à tous les obstacles. Des tas de *pièges* lui sont tendus et il y tombe.

Personne ne peut éviter cela, même pas la mère à son enfant. C'est à chacun d'être lucide et fort.

Ici, au contraire, personne ne nous tend de *pièges*. Tout est bienveillance.

On a connu beaucoup de choses, bien des époques, bien des pays. Cela n'évite ni les erreurs, ni les *pièges* quand on se retrouve sur la terre... Chacun croit commencer quelque chose, alors qu'il connaît tout cela, qu'il a déjà vécu bien des fois. Mais chaque époque a ses *pièges* différents.

L'imagination crée des *pièges* dans le monde spirituel. La pensée étant instantanément créatrice, nombreux sont ceux qui croient à la réalité des projections de leur esprit et qui prennent l'illusion pour la vérité. Si leurs pensées sont sombres et malveillantes, ce sont de véritables monstres qu'elles créent ; s'ils sont gourmands, ce sont des friandises, des pâtisseries, qu'il leur semble manger. Ces créations mentales, outre qu'elles sont fausses, sont dangereuses, car elles distraient ceux qui les projettent et les empêchent d'évoluer et de rechercher le vrai bonheur qui est dans la quête de la lumière. Il faut connaître ces *pièges* afin de ne point en être victimes.

Dis aux hommes que c'est sur ce qu'ils appellent la vie qu'il faudrait pleurer, car elle est pleine de *pièges*.

PLACE

Tout est ; tout est à sa *place*, sois-en sûre.

Ici, tout reprend sa *place*, sa juste *place* et combien, alors, paraît dérisoire toute l'agitation humaine !

Il est des choses que je ne puis te révéler, mais sache que, lorsque tu les découvriras, tout te paraîtra à sa *place*.

Tout reprend ici sa vraie *place* et combien toutes les émotions de la terre paraissent alors futiles !

Tout être, toute chose sont à leur *place*.

PLANTE

Donne de l'amour à tous ceux qui t'approchent, même aux *plantes* et aux animaux.

Il est bon de t'entourer de *plantes* : leurs petites âmes joyeuses t'apaisent. Si tu pouvais voir leurs auras ! Elles sont radiantes.

La plante est digne et belle. Elle est parfum, harmonie, fragilité. Fleuris comme elle et, comme elle, embaume.

Tu te souviens combien j'aimais les *plantes*. Elles apaisaient mon esprit inquiet.

Les *plantes* vivent, souffrent, aiment. Apprends aux enfants à les entourer d'amour, à les respecter, à les protéger.

Les *plantes* chantent et enchantent, elles sont nimbées de clarté, elles sont la beauté. Un jardin frémissant de *plantes*, étincelant de fleurs est l'image la plus proche de ce ruissellement radieux, de cette féerie vivante dans lesquels nous évoluons.

La *plante* t'enseigne la patience et la dignité.

Comme la *plante*, riche de ses floraisons futures, ton être profond aspire à l'éclosion splendide du divin, de ce divin qu'il contient !

Le mal que l'on fait, même à une *plante*, c'est à soi qu'on le fait.

Les *plantes*, il faut les respecter, les aimer, leur parler avec douceur. Ce sont de bien jolies petites âmes. Ce sont des êtres fragiles qui ont besoin de votre protection.

Les *plantes*, les fleurs nous entourent. Mais Dieu ! Qu'elles sont radieuses, lumineuses, scintillantes de partout, hymnes vivants à la joie, à la beauté.

Le taux vibratoire des *plantes* est subtil.

Leur corps de matière n'est pas aussi grossier et lourd que le vôtre. Elles sont à la frontière de vos vibrations et des nôtres. Aimez-les. Respectez-les.

Quand je te dicte ces mots, sens tes *plantes* qui vibrent d'amour et d'allégresse.

Le printemps est une immense et radieuse symphonie : les parfums des *plantes*, des arbres et des fleurs montent vers nous comme un encens sacré.

Nous voyons les auras colorées et vibrantes des *plantes*, que c'est beau, que c'est beau ! Vivant, chatoyant, radiant !

Tout communie : les *plantes* communiquent entre elles, se transmettent des signaux et se lient entre elles par affinités. Elles ont également une vie spirituelle. Leur parfum est un don.

Les *plantes*, tant aimées des poètes, sont des êtres charmants qu'il faut beaucoup fréquenter.

Vivez parmi les *plantes*. Elles vous entourent d'ondes très pures en harmonie avec nos sphères.

Les *plantes* n'aiment pas la violence, la dysharmonie, les cris, l'infernal bruit des moteurs des tondeuses, qui leur apportent la mort.

⁂

TRANSCOMMUNICATION
(voix enregistrée)

Question. — Le lierre, dont j'avais pris une bouture dans le jardin de Victor Hugo à Guernesey, entoure maintenant les photos du poète. Les **plantes** *ont-elles une mémoire ?*

Réponse. — Oui.

PLEUR - PLEURER

Ne *pleure* pas, console.
Ne souffre pas, apaise.

Ne *pleure* pas. Ton enfant est vivant, il est délivré enfin du poids de la souffrance, du malheur et de la peur.

Dis aux hommes qu'il ne faut pas *pleurer*, dis-leur que c'est sur ce qu'ils appellent la vie, qu'il faudrait *pleurer*, car elle est pleine de pièges et que, durant notre passage sur la terre, nous connaissons la peur et la souffrance, la trahison et la maladie, la solitude et la haine.

Il ne faut pas *pleurer*. Nous ne sommes pas partis.

Il est un temps pour *pleurer* et un temps pour espérer. Que tes larmes deviennent diamants et qu'elles éclairent le chemin de solitude et de doute, de tant de tes frères humains !

Ne *pleure* plus, rends grâce !

Ne *pleure* pas à cause de ceux qui refusent de comprendre et de prendre. Aime-les. Qu'importe qu'ils te traitent d'utopiste, d'idéaliste, d'illuminée même ? Ce sont eux qui, avec leur réalisme terre à terre, s'éloignent de l'essentiel.

Quand nous brisons nos corps physiques, aux *pleurs* de la terre, répondent, ici, la joie des retrouvailles, l'émerveillement et le bonheur, pour ceux qui nous ont précédés de nous faire partager leurs découvertes.

C'est merveilleux, cet amour qui nous unit, malgré nos taux vibratoires différents. Tu ne devrais plus *pleurer*, tu devrais chanter.

Ceux qui ne comprennent pas, ne sont pas encore prêts pour cela. Ne *pleure* pas sur eux. Un jour, eux aussi, rayonneront de ferveur, et si ce n'est pas dans cette existence, ce sera dans la prochaine.

Tu dois offrir tes certitudes à tous ceux qui *pleurent*.

***

TRANSCOMMUNICATION
(voix enregistrée)

— J'ai **pleuré** (1).

---

(1) Ces mots d'Abel ont été enregistrés à la suite d'une grande souffrance qui m'avait brisée. C'est la preuve qe nos aimés invisibles souffrent encore avec nous... « nous souffrons encore de vos souffrances », m'a révélé Abel.

PORTE

Il n'est point de *porte* à ouvrir, ni de seuil à franchir. Nous sommes là, vivants, radiants, aimants.

Par la *porte* entrouverte, jette un regard.
Ta vie entière en sera transformée.

Ouvre en toi les *portes* de l'éblouissement.

Ne t'inquiète pas : la *porte* ouverte en toi ne se refermera pas ; au contraire, elle s'ouvrira à deux battants.

Je suis heureux de t'avoir ouvert cette *porte*, de manière à ce que tu puisses vivre ces réalités subtiles.

À celui qui appelle, il est répondu ; à celui qui frappe, la *porte* est ouverte.

Accident, maladie, meurtre... Peu importe le moyen de franchir les *portes* de Lumière qui, en fait, sont symboliques ! Elles séparent virtuellement vos vibrations épaisses des vibrations spirituelles et elles ouvrent sur la radieuse réalité de l'Amour.

A la mort, toutes les *portes* s'ouvrent en une grande échappée de lumière.

POSSÉDER - POSSESSION

Trompeuses, ô combien ! sont ces illusions qui vous donnent l'impression de *posséder*. On ne *possède* rien, ni personne, durant la vie terrestre — et pourtant on *possède* tout.

Rien n'est À VOUS : ni êtres humains, ni animaux, ni la maison qui vous abrite, ni les bijoux dont vous vous parez — et pourtant tout est EN VOUS : le sourire des enfants, l'innocence de l'animal, la beauté de la mer et des cieux et toutes les multiples splendeurs du monde.

Dire MIEN et TIEN, c'est séparer, c'est diviser, alors que chaque être *possède* la totalité du réel. À cause de cette mauvaise compréhension des choses, que de tragédies, de guerres, de violences !

Vouloir *posséder*, c'est accepter de fragmenter, de diviser, d'opposer. Vous avez tout, tout est en vous. Ne vous battez pas pour des *possessions* illusoires, pour des ombres qui, aussitôt saisies, vous échapperont.

Bien sûr, toutes les *possessions* terrestres ne sont qu'illusions ; pourtant, tant que vous êtes incarnés, afin que le corps de chair ne souffre pas, il faut un minimum de nourriture et de confort. Alors, partagez.

POSSIBLE

Tout est *possible* toujours, à qui ne doute pas.

Crois et tu iras à la limite du *possible.*

Ce qui n'est pas *possible* encore, le sera un jour, quand le temps sera venu. Ne sois pas impatiente. Songe à la longue maturation souterraine que nécessitent les germinations.

Tout est *possible.* Souviens-toi des mots de l'ange à Marie : « Rien n'est impossible à Dieu. »

PRÉSENCE - PRÉSENT - PRÈS

Oui, la mort est *présence.* Je suis là, j'entends quand vous parlez de moi.

Je ne suis pas loin, je suis là, tout *près,* mais plus vrai, plus vivant, plus conscient.

Je suis là, si *près.* Je n'ai jamais été autant là.

Je suis souvent sous ton toit, tout *près,* tout *près.*

Je veux que tu sois totalement convaincue de la réalité de ma *présence,* que je suis vivant à côté de toi, bien plus *près* que je ne l'ai jamais été.

Je suis si *près,* si proche, plus proche que jamais.

Je n'ai jamais été aussi *présent.*

Nous sommes là, plus proches que jamais.

Je suis *près* de toi, avec toi, je ne suis pas parti.

Je suis là si vivant, si *présent*. J'entends quand on parle de moi.

Nous sommes *présents*, vivants, *près* de vous et pourtant branchés sur d'autres fréquences.

Je suis *présent*, sans cesse à tes côtés... Je suis ici et partout, je suis *près* de toi, en toi, tout en embrassant l'infinité de l'univers. C'est difficile à comprendre pour toi.

Je t'enveloppe de ma *présence*.

Sur terre, j'aimais toucher les tissus soyeux, le pelage doux des chats, la corolle des fleurs, maintenant je touche ton visage, tes cheveux, tes mains, tes pieds, afin que tu sentes ma *présence* à tes côtés, que tu te saches accompagnée.

Je suis là, vivant, palpitant *près* de toi. Sens ma *présence*.

Nous sommes de plus en plus *présents* autour de vous, car se prépare la grande mutation.

Tu sens ma *présence*, je suis là tout *près* et mon apparente absence vient du fait que je suis branché, si je puis dire, sur une autre longueur d'ondes.

Abandonnez-vous à nos rayonnantes *présences*. Redevenez les enfants qui attendent la visite de la fée. Et votre vie sera ruisselante de bonheur.

⁂

TRANSCOMMUNICATION
(voix enregistrée)

Abel. — Je suis dans la maison tout le temps.
Je suis souvent ici.
Maman, confiance ! Maman, je suis là !
Je suis là. C'est vraiment vrai : je suis là.
Je suis toujours *près* de toi.
Je t'aime et je suis là, oui, oui !
Nous sommes si *près* de vous !
(Phrase scandée par un chœur.)
Je suis beaucoup auprès de toi
Pour moi, c'est une joie (1).

---

(1) Toutes ces phrases ont été enregistrées dans des séances différentes.

PRÉSENT (Temps)

Tout ce qui existe vous semble en perpétuel devenir, alors que tout se contente d'être dans un *présent* infini. Ce qui a été, ce qui sera, est contenu entièrement dans la seconde *présente.*

Tout est à la fois, donc tout ce qui a été continue à être... Le temps est trompeur.

Tout ce que tu as été, est et sera, coexiste en toi dans la seconde *présente.* C'est simple, mais ta raison s'égare, car il te manque de pouvoir t'évader dans cette dimension à laquelle, tant que tu es incarnée, tu n'as pas accès.

La minute *présente* contient le passé et l'avenir. Nous sommes ce que nous avons été depuis toujours, et encore ce que nous serons, comme le chêne est déjà contenu dans le gland. Cette continuité, nous la découvrons très vite quand nous quittons le corps physique.

Ici, tout est un éternel *présent*, un radieux *présent.* Le passé et l'avenir sont contenus dans ce *présent.* Nous vivons l'instant dans sa totalité, dans son éternité.

Il faut parler de nous et nous parler au *présent.* Ne dis pas : « Il aimait les fleurs », mais « Il aime les fleurs » ; « Il était beau », mais « Il est beau. »

La minute *présente* t'appartient. Demain n'existe pas.

Vis intensément le *présent*, chaque chose arrive en son temps.

Ici, le temps s'abolit : le passé est contenu tout entier dans l'instant *présent* qui est riche, aussi, de tout le futur.

PRIÈRE

La *prière* n'a pas besoin de mots pour s'exprimer.

Vis chaque minute comme une *prière*.

Les *prières* sont entendues. Il est des aides humaines qui ne sont que le reflet des aides divines.

La *prière* est toujours reçue. Le mieux, c'est de laisser parler son cœur.

Fais de chacun de tes actes, de chacune de tes pensées, une *prière*.

Les roses s'ouvrent ici dans un rayonnement suprême et leur parfum est *prière*.

La *prière* est un langage ; le langage des anges.

Sache qu'aucune parole, même la plus futile, ne se perd ; à plus forte raison, aucune *prière* ne s'égare, toutes atteignent leur but.

Pourquoi gémir si tu peux agir ? Que tes actions soient *prières*.

Parfois, les *prières* muettes sont les plus belles et les plus profondes.

Que votre existence soit *prière*, action de grâces, chant d'amour !

La *prière* devrait être louange, bénédiction, action de grâces. Remerciez et prenez conscience que tout, absolument tout — épreuves, obstacles —, concourt à votre bien, vous pousse vers le meilleur.

Fais de chaque action une *prière*. Ne t'agite pas, agis. Ne doute pas, rayonne.

Tout est action de grâces et *prière* dans la création : l'étoile qui luit, prie ; l'arbre qui fleurit, prie; le chat qui ronronne, prie.

La *prière* est un courant d'énergie qui réunit les mondes.

Priez avec amour et confiance. Votre *prière* sera entendue.

Que ton travail soit *prière*, que tes pensées soient *prières*, que ta vie tout entière soit une longue et radieuse *prière* !

Les *prières* aident ceux qui ont quitté la terre, car elles sont amour.

La *prière* perce le mur (qui n'en est pas un), qui sépare le monde visible du monde invisible.

Si aucune parole, même la plus futile, ne se perd pas, à plus forte raison aucune *prière* ne s'égare.

Toute *prière* finit par atteindre son but et, comme la goutte d'eau qui, à force de persévérance, creuse la montagne, elle peut saper les murailles en apparence les plus solides.

PRISON - PRISONNIER

C'est vous qui forgez votre propre *prison*.

Vous aider n'est pas toujours facile, car vous restez *prisonniers* de vos vues limitées.

La vieille image qui présente la terre comme une *prison* est à la fois juste et fausse.

Juste, car vous êtes, en effet, *prisonniers* de la matière, exilés de ce monde dont vous conservez le divin éclat au cœur de vous-mêmes.

Fausse, car votre être spirituel peut s'évader hors de ces limites, et accéder à cette liberté qui est la nôtre. Ce qui vous apparaissait comme un boulet devient alors un tremplin. Nul n'est *prisonnier* que de soi-même et de ses propres limites.

Vous vous heurtez aux barreaux de la *prison* que vous avez vous-mêmes construite au lieu de vous enivrer de liberté et d'azur.

Ne soyez pas *prisonniers* des vieilles habitudes, des vieux préjugés, des vieilles limites.

Les humains restent trop souvent *prisonniers* des limites et des lois, qu'ils se sont d'ailleurs, à eux-mêmes imposées.

Nous ne sommes plus *prisonniers* de votre espace et de votre temps, aussi pouvons-nous être près de vous et ailleurs, avec vous totalement, mais aussi avec d'autres êtres, invisibles à vos yeux.

N'est-ce point de ces ombres que, durant tant de siècles, ils ont projeté hors d'eux, comme le calmar crachant son encre, que les humains sont *prisonniers* ? Que de frontières, que de barbelés, que de cachots, n'ont-ils point créés sur cette terre où ils sont exilés ! Les portes de leur *prison* s'ouvriront enfin, quand ils découvriront que la Lumière est en eux. Ce jour approche.

PROPHÉTIE - PROPHÈTE

Oui, ce que vous croyez une *prophétie*, une voyance du futur, une incursion dans votre avenir, est, en fait, un souvenir, puisque, avant de vous incarner, vous avez, si je puis dire, programmé votre existence sur la terre. Souvent, prédire, c'est se souvenir.

Chacun de vous est *prophète.* Chacun sait, puisqu'en lui palpite la vérité.

Méfiez-vous des *prophètes* de malheur, des *prophéties* catastrophiques. Des milliers de fois, la fin du monde a été annoncées et des générations entières ont été terrorisées. C'est la fin d'un monde de violence et de haine qui se prépare, un monde qui n'en finit plus d'agoniser dans d'affreuses convulsions.

Les *prophéties* qui s'adressent à tous, lorsqu'elles sont négatives, sont le plus souvent un avertissement.

PURETÉ - PUR

La *pureté* est sans cesse blessée en toi par la laideur de la terre.

Que tes écrits donnent aux hommes la nostalgie de la *pureté* !

Tout être *pur* peut communier avec nos vibrations et les capter.

La *pureté*, c'est de ne pas se laisser détourner de l'essentiel, de traverser les épreuves avec ce but toujours présent devant les yeux.

Soyez transparents, soyez vrais, soyez *purs*, vos corps vont devenir plus éthérés, vos cœurs plus spiritualisés. Ouvrez-vous à ce grand courant de beauté, d'amour, et de *pureté*.

Captez les pensées *pures*, belles et lumineuses.

***

TRANSCOMMUNICATION
(voix enregistrée)

Question. — Tout être **pur** *peut-il vous servir d'intermédiaire ?*

Réponse. — Bien sûr !

PURGATOIRE

Le *purgatoire*, inventé par l'Église catholique (1), correspond à un état intermédiaire, qui est une ascension spirituelle par rapport aux premiers niveaux si pénibles et négatifs.

C'est la vie terrestre qui est *purgatoire*.

Le *purgatoire* n'a pas d'existence réelle. Il s'agit des plans spirituels intermédiaires où évoluent les êtres encore attachés à la matière, mais aspirant déjà, par moments, à la lumière et à la beauté. Quand ils prendront conscience de cette aspiration, quand, pour eux, elle deviendra primordiale, essentielle, alors ils iront vers des sphères plus éthérées et plus heureuses.

---

(1) Ce dogme date en effet du 3 décembre 1563. Le mot *purgatoire* vient du latin purgare = purifier. Le *purgatoire* est une construction théologique. Dans le Nouveau Testament, on ne trouve en effet, aucune trace ni du mot, ni même de la réalité qu'il désigne.

Q

QUESTION - QUESTIONNER

En toi se trouve la réponse à toutes tes *questions*.

Questionne et à la lumière de mon tout nouveau savoir, aidé par les instructeurs qui rayonnent autour de moi, je tenterai de te répondre.

Les *questions* qui vous préoccupent, les problèmes, les nœuds, tout finit par se résoudre, mais sache que c'est d'abord ici que les problèmes doivent se résoudre avant de l'être sur la terre.

Sur terre, que de confusion savamment entretenue par les puissants, que de *questions* sans réponse !

À vos *questions*, nous nous efforçons de répondre. Mais nous sommes trahis par les mots trop petits, pour exprimer la magnificence de nos sphères.

Ici, nous sommes très heureux, car nos *questions* trouvent toujours une réponse.

*
**

TRANSCOMMUNICATION
(voix enregistrée)

Question. — Trouves-tu, mon enfant, que nous te posons trop de **questions** *?*

Réponse. — Non. Je suis heureux de répondre.

Question. — Es-tu donc un messager, et une de tes missions est-elle de nous instruire ?

Réponse. — Bien sûr !

R

RAISON - RAISONNER

Ne *raisonne* pas ce qui n'appartient pas à la *raison*.

L'intuition va plus loin que la *raison*, toujours.

La *raison* appartient à l'homme, mais elle est un instrument à double tranchant : elle lui permet de comprendre le monde, d'éviter les pièges, mais aussi, elle l'enferme dans une logique implacable et, trop souvent, coupe les ailes de son intuition.

La *raison* doit savoir où s'arrête son pouvoir. Elle est petite, bornée. La logique est souvent l'ennemie de cette voix en vous qui sait.

Le mode de pensée, depuis plus d'un siècle, est essentiellement rationaliste : ce qui ne se *raisonne* pas n'est pas, ce que les sens physiques n'appréhendent pas apparaît comme une illusion ou une hallucination.

L'essentiel n'est pas perçu par la *raison*. Il est vrai qu'« on ne voit bien qu'avec le cœur ».

RÉALITÉ - RÉEL

Ici, nous sommes au cœur de la vie. Tout palpite infiniment..., tout est vivant, vibrant, radiant, mais les mots sont incapables de décrire une *réalité* si proche et pourtant très éloignée de ce que les êtres incarnés prennent pour la *réalité*.

De plus en plus les esprits s'ouvrent à une nouvelle *réalité* qui, en fait, est tout simplement la *réalité*.

C'est nous qui sommes *réels*, pas vous. Votre monde est inconsistant. Le preuve, c'est que nous vous traversons.

Cette *réalité*, si simple et pourtant si radieuse qui est la nôtre, sera un jour la vôtre.

Les temps vont changer : le rêve va devenir *réalité*, *réalité* sublime et radieuse.

Ne plaquez pas un raisonnement intellectuel sur la *réalité* jaillissante de la vie. C'est là le danger de tous les dogmatismes.

Ici, certains prennent pour la *réalité* ce qui n'est que l'effet des projections de nos pensées.

RECEVOIR

Le bonheur de donner est plus grand que celui de *recevoir*.

Ne souffre pas pour ceux qui ne veulent pas *recevoir*, continue à donner encore et sans cesse.

Nous *recevons* vos prières, vos pensées, vos paroles.

⁂

TRANSCOMMUNICATION
(voix enregistrée)

Question. — **Reçois-***tu les poèmes que j'écris pour toi, les fleurs et les petits présents que je dépose près de ta photo ?*

Réponse. — Oh ! oui, je les **reçois**.

La même question a été reposée plusieurs mois après et la réponse a été identique :

Question. — **Reçois-***tu mes cadeaux, mon enfant chéri ?*

Réponse. — Oui, je les **reçois**, maman.

REFLET

Nous sommes des deux côtés d'un miroir et nos *reflets* se confondent.

Beaucoup de choses se vivent à notre niveau dont vous percevez les *reflets*.

Ce que je te dis n'est qu'un *reflet* de l'immense vérité de Dieu.

Le nouveau monde sera le *reflet* du nôtre, alors que, pour le moment, il en est la caricature.

REGARD - REGARDER

Tout *regarder* avec le vrai *regard*.

Sur toutes choses, jetez un long *regard* ébloui.

C'est ton *regard* qui doit changer, non point les choses.

Si tu regardes le monde avec le *regard* de l'amour, tu iras plus loin dans la connaisance du Divin, qu'en lisant des ouvrages de théologie et de philosophie, ou qu'en discutant, qu'en disputant.

Un *regard* peut contenir l'ineffable. Les mots rationalisent et égarent.

Dieu, c'est le *Regard* infini qui sait.

Pose sur tout un *regard* de pureté, de bonté et d'amour — alors, tout rayonnera à travers toi.

Regarde loin et profond.

Jette sur le monde ce *regard* vrai et tu comprendras alors que tout est riche de sens.

Regardez les autres et le monde avec bienveillance.

Regarde le versant ensoleillé des choses et des êtres.

Jette un autre *regard* sur toi-même et sur les autres.

Regarde tout, non plus avec les yeux du corps, mais avec ceux de l'âme. Tout te paraîtra plus beau, plus vrai, plus intense, tout, y compris toi-même.

Si ton *regard* sur le monde change, le monde changera avec lui.

Pose sur tout ce qui t'entoure un long *regard* d'amour.

Déploie ta conscience, ouvre ton âme, découvre le vrai *regard*, dépasse cette vision morcelée du monde qui vous fait tant de mal.

Contemple les choses de la vie comme le spectateur dans une salle *regarde* se dérouler le film. Il est vrai que ce film, tu peux en modifier le cours, mais ne t'implique pas vraiment dans ce qui n'est qu'apparence.

RÉINCARNATION
RÉINCARNER

Ici, on vit de la vraie vie. Pourtant, la *réincarnation* est une épreuve nécessaire.

C'est sur la terre que tu dois expérimenter ce que tu as appris, compris.

C'est une nécessité de redescendre parfois dans un corps..., mais cette descente fait très peur... C'est nous-mêmes qui choisissons le jour et l'heure de l'examen. Rien n'est imposé.

Dans l'avenir, les hommes n'oublieront plus ce qu'ils ont vécu dans notre monde. Ils reviendront donc riches de sagesse — et c'est ainsi que la terre pourra se transformer.

Peu importe que les êtres croient ou non à la *réincarnation*. Ils ont oublié, mais tout ce qu'ils ont vécu est en eux. De même, l'homme adulte ne se souvient plus de ses premiers jours sur la terre, ni de ses premiers pas. Pourtant, même s'il le nie, il a bien été un bébé. C'est la même chose. L'essentiel est ce que chacun vit dans le présent, l'amour qu'on donne... Celui qui refuse d'admettre la *réincarnation*, mais qui aime — et même l'athée qui aime et aide — sont plus près de Dieu que celui qui, comprenant parfaitement les lois spirituelles, s'enferme dans l'égoïsme ou le sectarisme.

Oui, la *réincarnation* est nécessaire, mais, rassure-toi, lorsqu'un grand amour lie deux êtres, celui qui a rejoint le premier le monde spirituel attend toujours l'autre.

Se *réincarner* n'est pas une partie de plaisir, mais une nécessité douloureuse.

Dans l'ère nouvelle, l'homme saura pourquoi il se *réincarne* et ne l'oubliera pas lorsqu'il endossera un corps de chair. C'est lui qui demandera à revenir sur terre pour une mission par lui choisie.

Je suis ton enfant, ton guide, mais aussi celui qui, sous diverses formes, a marché à tes côtés durant ces décevantes existences terrestres, celui qui t'a aimée ou blessée, aidée ou meurtrie. Crois-moi, en cette dernière incarnation, nous ne nous étions pas retrouvés par hasard ! (1)

Oui, se *réincarner* jusqu'au moment où l'on a totalement compris le sens de l'existence est une dure nécessité.

L'idée de revêtir de nouveau un corps étroit et lourd me fait horreur. Je la repousse. Si je reviens, ce ne sera pas tout de suite et ce sera pour une mission précise.

Ici, nos yeux se déssillent, nous comprenons nos erreurs, déplorons nos limites. Il nous faut un jour, nous *réincarner*, renaître à la terre, afin de tenter de mieux faire, de réussir l'examen que nous avions raté.

Pour atteindre un jour la réalisation suprême, il nous faut, hélas ! nous *réincarner*, affronter plusieurs fois la terre. Le nombre de vies dans la matière dépend de chacun. À l'école, certains élèves sautent des classes alors que d'autres les redoublent. C'est la même chose.

Nombreux en ce moment, sont les êtres de lumière qui se *réincarnent* sur la terre, pour guider l'humanité vers les valeurs nouvelles et vers ce Nouvel Âge que tant pressentent, que tant attendent.

Oui, il faut revenir dans la matière, se *réincarner*, mais d'existence en existence, l'âme reste la même, seul change le véhicule qu'elle emprunte ou, si tu préfères, le vêtement périssable dont elle se revêt.

On ne peut atteindre les degrés supérieurs de l'au-delà, la dernière sphère, qu'en revenant, de temps en temps, se confronter avec la terre. Se *réincarner* permet de mettre à l'épreuve ce qu'on a appris, ce qu'on a compris.

L'incarnation terrestre est très importante. Pour changer de sphère, il faut ABSOLUMENT retrouver la terre, se *réincarner*.

Quand un être vivant dans le monde spirituel accepte de se *réincarner* pour progresser, il lui faut reprendre un corps de chair pour affronter de nouveau le monde physique. Il consent un énorme sacrifice et souffre beaucoup au départ, car il se souvient encore de l'infinie liberté qu'il vient d'abandonner, mais peu à peu il s'habitue à la matière, comme nous nous accoutumons ici à un univers de beauté, de lumière et de vérité.

***

(1) Abel m'a révélée que nous avions vécu ensemble durant sept existences (en comptant l'actuelle).

TRANSCOMMUNICATION
(voix enregistrée)

Question. — La **réincarnation** *est-elle nécessaire pour permettre notre évolution vers le divin ?*

Réponse. — Ah ! ça oui !

Question. — *Nous sommes-nous rencontrés dans plusieurs existences passées, ou si tu préfères, nous étions-nous connus avant 1974 ?*

Réponse. — Bien sûr ! (1)

Question. — Les saints doivent-ils encore se réincarner, *ou ont-ils achevé leur évolution ?*

Réponse. — Ils sont au bout de leur évolution.

RELIGION

Dans l'ère nouvelle, l'humanité tout entière adorera le Divin. Une *religion* universelle, au-delà des dogmes et des rites, réunira enfin les hommes.

Les *religions* existantes sont trop intellectuelles, trop dogmatiques. La *Religion*, la vraie, doit relier les mondes.

La *religion véritable* n'est pas une affaire de lois, de dogmes, d'interdits... Elle est cette paix suprême dont rayonnent ceux qui savent, elle est ce vrai regard jeté sur les choses et les êtres.

Au nom de la *religion*, on a exclu, torturé et même tué. C'est là le blasphème suprême, le sacrilège majeur et insupportable.

Le pâtre qui contemple le ciel, l'enfant qui regarde une fleur sont plus près de la vraie *religion* que certains docteurs en théologie.

Certains pour évoluer, ont besoin du véhicule collectif d'une *religion* ; d'autres, pèlerins solitaires, cherchent par eux-mêmes et, malgré les obstacles et les pièges, découvrent, éblouis, leurs propres certitudes.

Chaque *religion* est la rivière conduisant à l'océan. Mais il est de minuscules ruisseaux qui atteignent aussi la mer et souvent plus vite que l'eau paresseuse des fleuves.

Une *religion*, c'est comme le transport en commun qu'empruntent ceux qui ont peur de marcher seuls. Pour eux, c'est rassurant.

Aucune *religion* n'est supérieure à une autre. Toute *religion*, vécue de l'intérieur et dans l'amour, propulse les êtres sincères vers le Divin.

RÉJOUIR

Réjouis-toi, ton enfant vit enfin à sa vraie dimension.

Ne te décourage pas pour ceux qui ne comprennent pas ; *réjouis*-toi pour ceux qui prennent.

Réjouis-toi, le monde s'apprête à dépouiller sa vieille peau de haine, de violence, de peur et de fanatisme.

Transmets mes paroles et cette certitude joyeuse qui, désormais, est la tienne, afin que d'autres, à leur tour, se *réjouissent*.

RENCONTRE - RENCONTRER

La grande horloge cosmique qui marque l'éternité n'en est pas moins extrêmement précise : tu ne peux avancer d'une seule seconde l'heure d'une *rencontre*. Rien ne sert donc de s'impatienter.

C'est moi qui t'aide à *rencontrer* des êtres ayant vécu une expérience spirituelle semblable à la tienne, afin de te conforter dans la confiance.

Aucune *rencontre* ne se fait au hasard. Tout est voulu.

Les êtres qui doivent se *rencontrer* se *rencontrent*.

Oui, c'est nous qui aidons à vos *rencontres*, afin que, parents amputés d'un enfant, vous ne soyez pas isolés sur la terre. Recevoir nos paroles et les propager n'est pas si facile. Trop souvent, vous ne *rencontrerez* qu'incompréhension et scepticisme. Or, il est indispensable pour nous que vous soyez forts, solides, rayonnants, et pour cela, il faut que vous vous unissiez.

Nous tous qui avons le privilège de communiquer avec la terre, nous travaillons ensemble, et, bien sûr, nous nous *rencontrons*.

On ne peut avancer, ni retarder d'une seconde un événement, ni la *rencontre* de deux êtres. Mais rien au monde ne peut empêcher cette *rencontre*.

***

TRANSCOMMUNICATION
(voix enregistrée)

Question. — Rencontres-*tu les autres messagers, ceux qui, comme toi, transmettent des réponses à ceux qu'ils aiment sur la terre ?*

Réponse. — Bien sûr ! Nous travaillons ensemble.

REPOS - REPOSER

Non, on ne se *repose* pas dans notre monde... Les *ici repose* des tombeaux, les « il est entré dans le *repos* »... sont des expressions trompeuses et qui ne s'appliquent qu'au seul corps physique qui, lui, est voué non seulement à se reposer, mais à disparaître, puisqu'il a achevé sa fonction. L'image qu'on se fait de la vie de l'au-delà tant qu'on est sur la terre est fausse.

Le *repos* est le contraire même de notre vie ici qui est mouvement, activité, créativité.

Le monde spirituel est un monde d'activités joyeuses et non un *repos* éternel. Quel incroyable ennui serait ce *repos* que nous promettent pourtant tant de prêtres : « Qu'il repose en paix et pour l'éternité ! » Il serait temps que les prêtres élèvent un peu leurs pensées au-dessus des contingences terrestres et s'intéressent au royaume de l'après-vie qui est, d'ailleurs, celui de la vraie vie !

Nous ne restons pas inconscients, plongés dans un éternel *repos*.

Le *repos* éternel, quelle idée absurde ! Non, on ne se *repose* pas dans notre monde, mais notre travail est joyeux, librement consenti.

RESPONSABILITÉ

On est *responsable* de ce que l'on est, *responsable* de ce que l'on fait, *responsable* de ce que l'on pense, *responsable* même de ce que l'on rêve.

Sans liberté, il n'y a pas de *responsabilité*, donc pas d'évolution.

Chacun est *responsable* de sa vie. Ne souffre pas pour tout et pour tous.

Nous sommes intensément libres, et pourtant, si grand est notre amour, que nous nous chargeons de *responsabilités* auprès de vous, mais sache que ces *responsabilités* n'entravent nullement notre liberté.

C'est la conscience de ta *responsabilité* qui te permet d'évoluer.

Je suis *responsable* de toi.

La vraie liberté n'a aucun sens sans *responsabilité*.

Tu es *responsable* de ceux que tu aimes.

Vous êtes *responsables* des horreurs perpétrées sur la terre aux antipodes, *responsables* et peut-être même coupables, puisque ce sont vos imperfections, cette négativité qui subsistent en vous qui les rendent possibles.

Chaque être humain est *responsable* de la guerre qui tue au loin.

***

TRANSCOMMUNICATION
(voix enregistrée)

Question. — Te sens-tu **responsable** *de moi ?*

Réponse. — Oh oui ! Bien sûr !

RÊVE - RÊVER

Comme il est étonnant ce monde (le monde spirituel) qui correspond à nos *rêves* les plus beaux sur la terre !

L'existence sur la terre est un *rêve* collectif. Il est temps que les pensées des humains s'unissent pour construire un *rêve* plus beau.

Oublie ce mauvais *rêve* qui te semble réel et que tu appelles l'existence.

D'ici, c'est la vie sur terre qui nous apparaît comme un *rêve*, un *rêve* qui trop souvent, hélas ! se transforme en cauchemar. De ce songe que vous faites et qui est trop souvent douloureux, nous souffrons.

Que vos *rêves* deviennent plus radieux, plus rayonnants, plus riches d'amour, car un jour, ils se réaliseront ! *Rêvez* tous ensemble à la terre sublime de demain, afin de hâter sa venue.

Les *rêves* sont porteurs de messages.

Je me suis réveillé de ce *rêve* que vous appelez la vie, et la réalité radieuse dans laquelle j'ai été projeté est mille fois plus merveilleuse que ce que vous pouvez *rêver* de plus beau.

Ton *rêve* a un sens profond (1). Tu te réjouissais de me revoir, de me toucher, de me serrer dans tes bras — mais, reconnais-le, quand je t'ai dit que j'avais tout oublié du monde spirituel, tu as eu l'impression d'être dépossédée de quelque chose d'essentiel, quelque chose que je ne puis te

---

(1) J'ai rêvé qu'Abel avait obtenu la permission de réintégrer son corps physique, il était ressuscité. Je le touchais, le câlinais, ma joie était immense. Puis, tout en me promenant avec lui dans un jardin en pente, planté d'oliviers, je l'interrogeais :

— Comment faisais-tu pour me dicter les messages, pour enregistrer ta voix sur les cassettes, pour me toucher, pour m'envoyer des effluves de mimosa ?

Sa réponse m'avait attristée et stupéfiée :

— Je ne sais pas de quoi tu veux parler, j'ai tout oublié.

Je m'étais sentie flouée.

donner qu'en restant sur ce plan de lumière et de beauté et qui te serait enlevé, si j'étais de nouveau incarné parmi vous. Tu as perdu ma présence physique, mais ce que tu as gagné n'a pas de prix. Les *rêves* sont souvent des enseignements.

***

TRANSCOMMUNICATION
(voix enregistrée) (2)

Question. — Est-ce que tu m'accompagnes dans mes **rêves** *que, souvent, j'ai oubliés au réveil ?*

Réponse. — Oh oui !

Question. — Puis-je te rencontrer en **rêve** *?*

Réponse. — Oh ! tu le peux.

Question. — La nuit, viens-tu dans mes **rêves** *et me fais-tu visiter le monde spirituel ?*

Réponse. — Oh oui ! souvent. Mais (il) faut que tu oublies.

Question. — Me parles-tu, la nuit, dans mes **rêves** *?*

Réponse. — Oui, je le fais.

Question. — Ce que nous croyons réalité, durant notre vie terrestre, est-ce un **rêve**, *un songe ?*

Réponse. — Oui, c'est un **rêve**, Vous êtes dedans, maman.

Question. — Est-ce que lorsque je dors, je te rejoins en **rêve** *et que je découvre une réalité qui est la vraie ? Il me semble vivre une histoire différente, la nuit, avec toi dont je n'ai plus que des poussières, le matin. Est-ce vrai ?*

Réponse. — Oui, bien sûr, ma petite maman, n'en doute pas.

---

(2) Réponses obtenues lors de séances d'enregistrement éloignées les unes des autres.

RÉVOLUTION

Les cœurs et les esprits s'ouvrent et nous sommes nombreux à travailler à cette mutation, à cette féconde *révolution*.

La *révolution*, la révélation vont venir de la science elle-même dans les prochaines années. Ses découvertes vont bouleverser et ébranler l'univers rationaliste qui, d'ailleurs, malgré le dernier bastion des irréductibles, craque de partout comme le vieux monde.

Vous êtes des pionniers.

Il faut aimer encore et toujours, être l'amour. Cette *révolution* d'où naîtra un monde nouveau, est à ce prix.

Ouvre-toi à ces vibrations neuves que tu portes en toi.

Une véritable *révolution* dans les esprits se prépare. Nous y travaillons.

Nous préparons cette *révolution* des esprits qui présidera à l'ère nouvelle.

Les temps approchent où les jeunes refuseront les valeurs qu'on leur a imposées. Ce sera une prodigieuse *révolution* spirituelle.

C'est à cette *révolution* que je travaille, la *révolution* des esprits et des cœurs.

Consacre-toi à cette indispensable *révolution*.

Nous avons beaucoup de travail, surtout que nous préparons cette *révolution* des esprits qui présidera à l'ère nouvelle.

*
**

TRANSCOMMUNICATION
(voix enregistrée)

Question. — À quoi travailles-tu ?

Réponse. — La **révolution**.

RICHE - RICHESSES

Tu es *riche* de moi.

Les vraies *richesses* ne se mesurent pas en possessions matérielles, en avoir, en acquis, elles sont intérieures et nul ne peut vous les prendre.

Il est des mendiants plus *riches* que des rois.

La véritable *richesse*, c'est l'amour : celui que tu donnes, celui que tu reçois.

Cherchez, en une quête passionnée, les vraies valeurs, la vérité, la beauté, la bonté. Ne courez pas après des *richesses* illusoires.

Tu es *riche* de ce que tu donnes.

Oh ! combien *riche* est celui qui ne cherche la *richesse* que dans son désir de perfection, dans sa volonté de comprendre et d'aimer, dans sa quête ardente de la vérité.

ROSE

Là où les *roses* fleuriront
Tes journées embaumeront.

Semez, dès aujourd'hui, les *roses* de demain.

Je t'offre des *roses*, des *roses* de lumière, afin qu'elles parfument les heures de cette année nouvelle.

*
**

TRANSCOMMUNICATION
(voix enregistrée)

Abel. — Je te donne une **rose***.*
— Je t'offre une **rose** *blanche.*

Question. — Quelle est ta fleur préférée ?

Réponse. — C'est la **rose** (1).

Question. — Que dois-je mettre près de ta photo ?

Réponse. — Une belle **rose**.

Question. — Est-ce qu'un cadeau de la terre peut te faire encore plaisir ?

Réponse. — Oh oui ! maman, des **roses**.

Question. — Toi qui aimes tant les **roses***, dis-nous la couleur de celles que tu préfères ?*

Réponse. — Les **roses** blanches, mais je les aime toutes.

---

(1) Nous avons retrouvé un test où Abel adolescent affirmait, en effet, que la fleur qu'il aimait par-dessus tout était la rose.

Question. — Ce sont donc les **roses** *blanches que tu préfères ?*

Réponse. — Oh oui ! ce sont de belles **roses**.

Question. — *Quelles fleurs veux-tu que je mette sur ta tombe ?*

Réponse. — Des **roses**, c'est très bien.

Question. — *Pourras-tu un jour me donner une vraie* **rose**, *une* **rose** *matérialisée ?*

Réponse. — Une **rose** sensible, c'est très dur... Un jour, peut-être.

S

SACRÉ

La vie est un acte *sacré*.

La nourriture est *sacrée*, elle est un don de la terre, elle participe à l'épanouissement et à la santé de votre corps physique.

Donnez le sens du *sacré* aux enfants.

Toute existence, même la plus infime, est *sacrée*.

Trop de jeunes souffrent actuellement, car la société matérialiste a tout désacralisé. À l'aube de la vie, on a besoin de rêve, d'idéal, de *sacré*.

Oui, cette communication entre nous est précieuse et *sacrée*.

Toute vie est un poème, un chant ; toute vie est *sacrée*.

L'empreinte du Divin est partout ; tout est *sacré*.

La parole est *sacrée*, ne la prostituez pas.

Il est des lieux *sacrés*, des lieux où souffle l'esprit.

Tout être qui cherche avec sérénité peut accéder aux révélations *sacrées*.

Tout ce qui existe, la création tout entière, est en marche vers le *sacré*.

Il est des secrets qu'on ne peut vous révéler, non point parce qu'ils sont trop *sacrés*, interdits, mais parce qu'il n'est pas de mots pour vous en donner une idée, même approximative.

Beaucoup, hélas ! en s'incarnant, ont oublié le sens *sacré* de la vie terrestre.

TRANSCOMMUNICATION
(voix enregistrée)

Question. — N'est-ce point un sacrilège de tenter de communiquer une expérience **sacrée** *qui est ce que nous vivons de plus beau, ce qui, pour nous, est le plus précieux, par le biais d'émissions de télévision qui tentent de la ridiculiser, de la tourner en dérision ? Devons-nous témoigner dans de telles conditions ?*

Réponse. — Je pense que oui.
Tu vois que c'est pas facile, maman !

SAGE - SAGESSE

Faire son possible est toujours possible et c'est là un des chemins qui mène à plus de *sagesse*.

Jette sur le monde le regard tranquille du *sage*.

La *sagesse*, c'est d'aimer et de ne pas juger.

Le manque de confiance est un manque de *sagesse*.

Il est fini le temps de la fuite au désert, le *sage* doit désormais vivre au milieu des autres, avec les autres.

Si tu ne te laisses plus affecter par les calomnies, si tu n'es plus flattée par les louanges, alors tu seras bien près d'atteindre la *sagesse*.

La *sagesse* n'est pas rébarbative, impossible à atteindre sauf par des ermites desséchés. Elle est un regard plus vrai jeté sur la vie de tous les jours.

La *sagesse*, c'est de ne pas se décourager, malgré les obstacles, les échecs, de toujours être prêt à recommencer.

Aborder les épreuves avec sérénité est un grand pas vers la *sagesse*.

SAVANT - SCIENCE

La *science* dépassera le matérialisme et découvrira la réalité de notre monde et l'existence du corps spirituel.

Ne t'inquiète pas de la suffisance des *savants* matérialistes, prisonniers de leur logique étroite et implacable. Ils s'apercevront bientôt que la raison et les sens ont leurs limites, que le monde visible n'est qu'une infime partie de cet univers invisible, depuis toujours pressenti par l'intuition des poètes et des mystiques.

Le matérialisme lâche prise. C'est la *science* elle-même qui ouvrira un jour les voies spirituelles.

Les ondes plus subtiles, aux vibrations plus rapides, qui constituent notre monde vont être connues. La porte de cette *science* nouvelle s'apprête à s'entrouvrir.

Quelques *savants*, déjà, ont découvert la spiritualité de la matière.

Les *savants* qui arrivent ici ne tardent pas à se remettre à l'école et à étudier.

Écoute chanter le Divin en toi. S'il ne se met pas au diapason de cette réalité sublime et si simple, le plus grand *savant* de la terre est un ignorant. Un berger en contemplation approche plus près la réalité divine qu'un *savant* matérialiste dans son laboratoire.

Ici, même les meilleurs *savants* de la terre redeviennent modestes et reprennent leurs études, si je puis dire. Ces *savants*, éblouis par ce qu'ils découvrent, aimeraient transmettre à leurs confrères encore incarnés un peu de ce qu'ils ont compris. Mais ce n'est pas facile. Pourtant, les intuitions scientifiques les plus bouleversantes ont été captées par des *savants* qui ont eu, un instant, accès à nos sphères.

Vous êtes emprisonnés par des dimensions imaginaires. De grands *savants* l'ont pressenti, de grands sages l'ont compris.

La *science* va étonnamment progresser dans les années à venir dans l'exploration du monde spirituel : structure de la matière, découverte de nos corps de lumière, etc. Les esprits rationalistes auront enfin leurs preuves.

La *science* découvrira un jour ce que l'intuition a toujours su. Il n'y aura plus alors de conflit entre le savoir et la croyance.

Le *savant* — et pas seulement le poète — doit se faire voyant, visionnaire. Ainsi il pourra découvrir ce qui est évident ici, et en faire profiter la terre.

Mais certaines découvertes sont arrivées trop tôt et elles ont été en avance sur le progrès spirituel des humains, aussi furent-elles mal utilisées. Combien d'inventions qui, au lieu de servir l'amour entre les hommes, ont été détournées de leur but et ont, au contraire, servi à la destruction et à la haine ! Quand l'humanité aura grandi, qu'elle sera enfin transformée par cette nécessaire mutation qui l'attend, alors et alors seulement, les *savants* de la terre pourront mettre à profit d'étonnantes découvertes, déjà réalisées ici, qui permettront de prodigieuses inventions pour le bien de tous. Ce jour viendra.

Les *savants* quand ils arrivent ici, découvrent un monde aux lois différentes, un monde dont beaucoup avaient nié jusqu'à l'existence. Ils redeviennent étudiants et observent ce qui les entoure avec une curiosité toute neuve.

Le *savant* lorsqu'il croit découvrir ne fait le plus souvent, que capter ce qui existe déjà ici. Toute invention terrestre a son original dans le monde spirituel et qui lui préexiste. Ainsi d'étonnantes machines existent ici qui, un jour, seront matérialisées par des *savants* de la terre et ceci quand les humains, ayant évolué, seront prêts.

Les découvertes scientifiques vont être déterminantes à l'avenir. Les *savants* découvriront nos corps spirituels.

Les *savants* vont sortir de leur étroitesse d'esprit, des limites étriquées du rationalisme. Ils vont explorer des domaines jusqu'alors inconnus. Tout va changer, tout change.

Parfois, la même découverte se fait en deux points opposés de la terre. Deux *savants*, en même temps, ont capté nos inventions. C'est pourquoi dans le domaine de la *science*, l'intuition, qui permet d'accéder à une autre dimension, doit toujours précéder la raison. Cette intuition, des écrivains, comme Jules Verne, par exemple, l'ont parfois avant les *savants*. N'avait-il point prophétisé des moyens de locomotion ou d'exploration totalement inconnus à son époque ?

*
**

TRANSCOMMUNICATION
(voix enregistrée)

Question. — Savez-vous tout ce qui se passe sur la terre (événements mondiaux, nouvelles inventions) ?

Réponse. — Oh oui ! on sait, on est avec vous.
Nous trouvons les inventions avant vous.

SECTARISME - SECTAIRE SECTE

Les gens *sectaires* s'emprisonnent eux-mêmes et refusent la beauté, la richesse de la création. À la mort, ils seront presque aussi déconcertés que des matérialistes.

Hélas ! le *sectarisme* divise, alors que tout est unité prodigieuse et palpitante.

Les esprits *sectaires* oublient l'essentielle unité, ils rejettent, condamnent et se croient seuls détenteurs d'une vérité qu'ils défendent si jalousement qu'ils en ternissent la beauté. C'est dommage, surtout pour tous ceux qu'ils enferment dans leurs rets.

Tout est simple et infini, tout est vivant et palpitant, TOUT EST. Quand une *secte* dit qu'elle seule possède la vérité, elle ne fait qu'entrevoir un fragment de l'infinité à travers le trou de serrure de ses préjugés.

SEMENCE - SEMER

Rien de ce qui est *semé* ne se perd. Jamais.

Je suis si heureux de t'aider à *semer* l'espérance.

Crois en cette mission qui est la tienne. Il est vrai que tu *semais* d'une façon plus visible dans les âmes de tes élèves, qu'ils étaient prompts à saisir les idéaux que tu leur proposais, que leur enthousiasme te réconfortait. Mais dans les cœurs de tes enfants, tu as *semé* plus longuement, plus profondément, plus durablement, même s'ils le montrent moins et si, parfois, à l'adolescence, la *semence* semble s'être perdue.

Sème dans les cœurs des tout-petits des graines d'éternité.

Soyez les *semeurs*.

Nulle *semence* ne se perd. Les floraisons futures dépendent en partie de votre ardeur à *semer*.

Semez, semez partout... et ne doutez jamais. La germination ne vous appartient pas.

Continue à *semer* l'amour contre vents et marées.

Semez à la volée, des graines de paix et d'amour partout autour de vous. Projetez-les sur la terre entière afin que « les quatre horizons ne crucifient plus le monde » (1).

Toute page écrite *sème*. L'écrivain, le vrai, doit *semer* l'amour, la lumière et l'espérance. Celui qui *sème* la rancœur, la laideur, récolte la mélancolie et la maladie.

Semez l'espérance et la concorde, afin de moissonner l'amour et la lumière.

Si la vie est *semée* de souffrances et d'épreuves, sache que c'est là une *semence* d'éternité.

Le *semeur* ne se soucie pas de l'endroit où tombe sa graine. C'est l'affaire du vent. Ne t'inquiète pas. Continue à *semer*.

Que de graines nous *semons*, maman, et nous en *sèmerons* encore !

Tu dois *semer* un peu chaque jour par la parole ou l'écriture.

Semez en tous lieux, *semez* dans les cœurs, même les plus rétifs en apparence !

Laissez pénétrer en vous les *semences* subtiles que nous déversons sans cesse sur vous, laissez-vous traverser par nos ondes, ouvrez-vous à cette dimension que vous refusez et qui est la vraie.

Sème la graine, écris et témoigne beaucoup et souvent.

*
**

TRANSCOMMUNICATION
(voix enregistrée)

Question. — Faut-il ***semer*** *sans se décourager, par nos paroles, nos écrits, malgré l'incompréhension trop souvent rencontrée ?*

Réponse. — Oh oui ! pense que nous sommes ensemble.

Question. — Pourquoi ? ne récolte-t-on pas toujours ce que l'on a **semé** ?

Réponse. — Rien n'est perdu, maman !
Oh ! ce n'est pas perdu. **Sème**.

(1) Allusion aux vers du poème de Francis Jammes, mis en musique par Brassens et qu'Abel aimait tout particulièrement :

« Par les quatre horizons qui crucifient le monde...
Je vous salue Marie. »

SENS

(*Facultés nous permettant d'appréhender le monde matériel*)

Vos *sens* sont trompeurs et imparfaits, car trop limités.

De l'immense réalité radieuse et divine, vous ne percevez que quelques bribes décolorées et ternes.

Certains nient un monde qu'ils ne peuvent percevoir par les *sens* de leur corps physique. C'est comme si, sous prétexte qu'on se trouve dans une cave on niait l'existence du soleil.

Vous êtes emprisonnés par vos *sens* limités, par vos esprits bornés, par votre raison têtue.

Les *sens* du corps physique sont limités. L'essentiel leur échappe et tout particulièrement cette dimension spirituelle qui est la clef et le secret de notre liberté.

La réalité que vous appréhendez au moyen de vos *sens* n'est pas la vraie réalité.

SENS

(Signification, valeur, direction)

Tout a un *sens*, mais ce *sens* vous échappe. Il nous est plus évident à nous.

Rien n'est dénué de *sens*, surtout pas la souffrance.

Ici j'apprends, je découvre sans cesse le *sens* vrai et profond de tout ce qui est sur notre plan et sur le vôtre.

L'évolution a un *sens*, elle est croissance.

Le sida tue, la drogue tue, les accidents et aussi le suicide tuent des jeunes mal adaptés à la terre, et qui ont besoin de retrouver leur vraie patrie pour vivre vraiment, et pouvoir agir enfin. Tout ceci a un *sens*.

Désormais, tu dois aider beaucoup de gens en leur montrant le vrai *sens* de la vie, comme durant vingt années, tu les as aidés en leur donnant un toit et du pain. Cette aide-là aussi est essentielle, car le pain spirituel est parfois plus vital que le pain du corps.

Tout est simple ici, tout retrouve son *sens* profond.

Toute souffrance fait avancer, toute souffrance a un *sens*.

Ici tout reprend sa vraie place, son *sens* originel, tout est simple et radieux.

Vivez différemment, comme des personnes qui savent que le corps physique n'est qu'un véhicule, que tout a un *sens*. Vivez vrai.

SÉPARATION - SÉPARÉ

Nos deux mondes ne sont pas *séparés* : ils communiquent et bientôt ils communieront.

Notre *séparation* qui te semble si longue n'est, en fait, qu'un infime fragment de seconde.

Non, je ne suis pas parti, non, maman, nous ne sommes pas *séparés*. Nous n'avons jamais été aussi unis au contraire !

Rien n'est *séparé*, tout est un.

En dépit des apparences, rien n'est morcelé, *séparé*, opposé.

La haine *sépare*, divise ; l'amour réunit, rassemble... C'est lui qui aura le dernier mot.

Celui qui a perdu le sens de l'unité n'est pas heureux, il se croit *séparé*, différent et il cultive cette différence jusqu'à la souffrance.

Réunis les hommes, trop longtemps *séparés*, sous la bannière de l'amour.

SIGNE

Cherche des *signes* partout, tout en est rempli.

Sois attentive aux *signes*.

Toute rencontre est un *signe*.

Tout parle, mais trop souvent vous n'écoutez pas. Soyez attentifs : nombreux sont les *signes* de piste ; vous êtes guidés.

À celui qui sait les décrypter, tout est *signe*.

Lorsqu'une âme vous fait *signe* qu'elle soit déjà incarnée quelque part sur la terre ou qu'elle n'ait pas encore revêtu son habit de chair, il faut lui ouvrir votre cœur et vos bras et l'accueillir dans la joie et la sérénité.

Tout est *signe*, tout est langage, même le jeu du soleil dans les frondaisons.

Sois très attentive. Je t'envoie sans cesse des *signes*. Ne te laisse pas distraire par de petits soucis.

Toutes ces personnes en deuil qui t'écrivent peuvent retrouver elles aussi ce morceau de ciel qui est en elles. Dis-leur d'être à l'écoute et attentives aux *signes*.

Le monde est plein de *signes* et de symboles, cherchez à les comprendre.

SILENCE

Faites le *silence* autour de vous et en vous ; alors, seulement pourra jaillir la lumière.

Le *silence* est riche de chants secrets, peuplé de la musique des sphères. Sois à l'écoute.

Il faut fuir le bruit, l'agitation, les cris, les conversations vides et, dans le *silence,* tout vous sera donné.

Sache te ménager des temps de *silence* qui te permettront de découvrir, grâce à notre aide, quelques secrets qui t'aideront à mieux comprendre et à supporter ce voyage sur la terre, en sachant d'abord, qu'il est éphémère et qu'il n'est qu'un jeu d'obstacles destiné à vous tester.

Écoute mon cœur dans le *silence* des nuits. Sens ma présence au long des heures. Sois convaincue, sois convaincante.

SIMPLE - SIMPLICITÉ

La vérité est *simple.*

Tout est *simple* et si beau, si riche dans cette *simplicité.*

C'est de la *simplicité* que jaillit la vérité.

Les pédants s'égarent qui nient cette essentielle *simplicité.*

Un cœur *simple* et pur est plus près du Divin que ceux de bien des théologiens.

Tout est *simple,* si radieusement *simple.* C'est le mental humain, qui complique.

Ce sont les êtres *simples* qui ont des échappées sur notre monde, ce sont eux qui ont des visions, des apparitions.

Tout est beau et *simple.*

Tout est *simple,* si *simple* et c'est cette *simplicité* qui dérange. Les cerveaux humains compliquent, embrouillent ou nient ce qui bientôt paraîtra à tous une évidence.

SOLEIL

Les multitudes de *soleils,* jetés dans le cosmos, sont aussi en vous comme les étincelles d'un unique brasier.

Des milliards de petits *soleils* forment vos corps physiques et ceux des animaux et des plantes.

Allume des *soleils* autour de toi.

Garde au cœur de ton être une certitude irradiante, un *soleil* intérieur.

Là où il y a l'ombre, mets le *soleil* ;
Là où il y a la souffrance, mets l'espérance ;
Là où il y a le doute, mets la certitude.

SEUL - SOLITUDE

Personne n'est jamais *seul*. Nous sommes là autour de vous, mais vous ne nous voyez pas. Vous êtes entourés. Il faut vous entraîner à sentir ces aides invisibles. Pour cela, tâchez d'avoir des pensées très pures, très belles.

Ici, ce sentiment de *solitude*, d'exclusion, si connu sur la terre, n'existe pour personne, s'efface dès l'arrivée.

Nul sur la terre n'est *seul* à aucun moment de son existence. Nombreux sont les êtres du plan spirituel qui entourent ceux qui sont dans la détresse, afin de tenter de les consoler, de les apaiser. Nous sommes sans cesse près de vous, avec vous. Seules nos vibrations diffèrent. Si vous pouviez voir comme vous êtes entourés !

Personne n'est *seul*, jamais, ni à l'heure de la naissance, ni à l'heure de la mort.

Vous n'êtes jamais *seuls*. Entraînez-vous à percevoir ces aides invisibles et fidèles.

La *solitude* n'existe pas. Personne n'est jamais *seul*, ni abandonné.

Grande est la *solitude* de celui qui ne fait plus partie de la terre, mais qui, des plans de lumière divine, est venu en mission pour l'éclairer.

Ici, nous ne connaissons plus la *solitude*. Nous vibrons ensemble, nous rayonnons ensemble, nous travaillons ensemble, nous vous aidons ensemble.

SOMMEIL

Le *sommeil* ouvre sur notre monde.

Abandonne-toi au *sommeil.* Il est bon, il est une incursion dans notre dimension. Lorsque vous dormez, nous veillons sur vous.

Le *sommeil* n'est pas du temps perdu. C'est un temps de découverte d'autres lois. Mais au réveil vous oubliez.

Le *sommeil* vous permet d'entrevoir nos rives radieuses, mais vous ne vous en souvenez pas, sinon vous ne pourriez plus supporter la terre et ses vibrations lourdes.

Ne fuis pas le *sommeil* qui t'éclabousse des étincelles de ce monde vibrant, vivant et infiniment aimant qui est le nôtre.

La nuit, dans le *sommeil*, vous saisissez des bribes de cette plénitude qui vous baigne ainsi que nous... Mais le réveil vous enlève tout souvenir conscient de cette découverte superbe.

Durant le *sommeil*, tu viens me rejoindre et tes yeux s'ouvrent à notre lumière. Tu découvres l'autre côté de ce monde qui est un. Mais tu ne te souviens pas consciemment de ces explorations radieuses, car trop dur et frustrant serait le réveil dans le monde de la matière. Pourtant, tu restes tout imprégnée de ces échappées joyeuses. Ces incursions dans notre dimension d'amour et de beauté te donnent l'énergie nécessaire pour supporter la terre et ses limitations si décevantes.

Le sommeil est échange.

Le *sommeil* permet nos retrouvailles.

La nuit, durant ton *sommeil*, tu découvres beaucoup de choses. Le matin, tu oublies, c'est la loi.

En retrouvant cette fausse logique de l'état de veille, tu laisses s'engloutir ces révélations, qui t'ont été faites pendant ton *sommeil.*

Abandonne-toi au *sommeil.* Il est bon et il nous permet de nous rencontrer.

*
**

TRANSCOMMUNICATION
(voix enregistrée)

Question. — Te fatigues-tu ? As-tu encore besoin de **sommeil ?**

***Réponse.* — Non maman, je ne dors plus.**

***Question. — Est-ce que pendant le* sommeil**, *je te rejoins ?*

Réponse. — Bien sûr !

SOUCIS

Ici, les *soucis* de la terre disparaissent comme des bulles de savon qui éclatent.

Les *soucis* que tu te fais t'empêchent d'atteindre la sérénité. Ton esprit n'est plus un miroir limpide, il est un lac où l'on jette sans cesse des cailloux et qui ne peut plus refléter la beauté des cieux.

Ce qui te *soucie* aujourd'hui, dans quelques années ne te préoccupera plus, peut-être même l'auras-tu oublié. C'est pourquoi il faut, dès à présent, prendre du recul face aux *soucis* quotidiens. Ces petits obstacles ne doivent jamais te faire oublier la beauté du chemin.

Chasse de ta pensée tous ces petits *soucis* qui viennent trop souvent la parasiter comme des mouches bourdonnantes.

Éloigne de toi les *soucis*, ne te blesse pas à tous les obstacles de la terre, sinon tu ne peux pas avoir une âme apaisée, miroir serein du Divin.

*
**

TRANSCOMMUNICATION
(voix enregistrée)

Question. — Puis-je déposer mes **soucis** *à tes pieds, mon bien-aimé enfant ?*

Réponse. — Oh oui ! tu le peux, mais tu ne le fais pas.

SOUFFRANCE - SOUFFRIR

Toute *souffrance* s'épanouit en espérance ; la *souffrance* passe, mais ce qu'elle a semé fleurit, et seules sont éternelles ces floraisons.

Quand nous arrivons ici, nous ne *souffrons* que des *souffrances* que nous avons infligées aux autres.

Nous *souffrons* encore de vos *souffrances*.

Les *souffrances* qu'on a eues se métamorphosent, ici, en joies. C'est difficile à expliquer, car tout est inversé.

Tu avances à travers les *souffrances*.

Ma seule *souffrance* aurait été que vous m'oubliiez, que vous ne m'aimiez plus...

Nous *souffrons* encore par vous et pour vous.

Nos *souffrances* se transforment, ici, en gerbes d'étoiles.

Souffrance, souffrance, telle est la vie sur la terre !

La *souffrance* pour un être incarné est inévitable.

Il y a tant de *souffrances* sur cette planète qu'il faut en prendre sa part dans la joie et l'acceptation.

Nous tentons d'apaiser vos *souffrances*, appelez-nous aux moments de désarroi.

Nous sommes si heureux, que notre seule *souffrance* est de ne pas pouvoir vous faire partager cette merveilleuse félicité.

Pas un atome de *souffrance* ne se perd.

Nous *souffrons* encore de la terre, car nous restons liés à vous.

Je *souffre* de te voir sans cesse te heurter à la terre.

Toutes les *souffrances* traversées ont leur utilité, elles servent à affiner les sensibilités et débouchent sur davantage de clarté.

Ces *souffrances* que tu as choisies, ces *souffrances* que j'avais choisies, nous réuniront, un jour, dans ce monde de beauté dont la terre n'est qu'un pâle reflet.

Le temps de la *souffrance* est fécond. Il te fallait *souffrir* afin de pouvoir efficacement aider tant de mères qui *souffrent*.

Ma vie est enfin bonheur, enfin espérance. Il a fallu pour cela passer par le long tunnel de la *souffrance*.

La *souffrance* est purificatrice.

Une grande *souffrance* entraîne une remise en question salutaire. Il importe de tout retrouver par soi-même, comme tu l'as fait après mon départ, qui d'ailleurs, n'en est pas un, tu le sais bien. Tu étais tout empêtrée de théories, d'idéologies. Ta *souffrance* a permis de balayer ce fatras, afin de redécouvrir que tout est beau et simple.

La *souffrance* ouvre parfois sur un autre état de conscience.

Tout a un sens immense, même la *souffrance*, surtout la *souffrance*.

C'est par l'aiguillon de la *souffrance*, que, souvent, l'homme retrouve son chemin. Combien d'innocents condamnés qui sortent de leurs épreuves transformés, les yeux pleins de lumière ? Cette peine — injuste en apparence — leur a permis de découvrir l'essentiel, alors qu'une existence futile les en aurait éloignés. Bien sûr, il faut lutter pour la justice, la liberté, le respect, mais, je te le répète, tout a un sens, surtout la *souffrance*.

Souffrir, oui ; mais sourire quand même.

La *souffrance* débouche sur l'espérance. Il faut savoir *souffrir* et savoir s'offrir afin que chaque déchirure s'emplisse de lumière.

Que ta *souffrance* soit communion avec d'autres *souffrances*.

Toute *souffrance*, que tu attribues à autrui, vient, en fait, de toi. Nul ne peut te blesser si ton armure spirituelle est suffisamment solide.

Par cette brèche creusée par la *souffrance* ont pénétré lumière et conscience.

Ne *souffre* pas pour tout et pour tous ! Chacun est responsable de sa vie, tu ne peux rien empêcher.

La *souffrance* devient bénédiction, si tu remercies Dieu pour l'épreuve rencontrée.

La *souffrance* doit être acceptée et comprise afin de remplir, dans la sérénité, le contrat passé avec soi-même avant cette incarnation.

La source *souffre* si l'on refuse de s'abreuver à son eau.

Ceux qui croient éviter les *souffrances* en accumulant les biens matériels, ne font que masquer le problème : en s'étourdissant, ils s'égarent d'une part, et, d'autre part, ils vont au-devant d'épreuves encore plus fortes.

Il faut la *souffrance*, hélas ! pour que comprennent les hommes.

Laisse glisser sur toi les petites *souffrances* quotidiennes, afin de n'être point criblée de coups d'épingles comme les poupées des sorciers.

C'est parce que ma vie fut *souffrance* qu'ici j'ai connu l'immense espérance, la splendeur et la joie.

La *souffrance* te permet d'arracher ta vieille peau, lambeau par lambeau.

Si je n'avais pas connu de terribles *souffrances*, je n'aurais pas atteint le monde, d'où la *souffrance* est exclue.

La *souffrance* est inséparable de la vie terrestre. L'être incarné *souffre*, c'est la loi : soit parce qu'il doit expier un karma, soit parce qu'il a désiré évoluer plus rapidement. C'est ce qui explique que tant de saints ont eu des vies de *souffrances*, de *souffrances* acceptées et transcendées.

Tout ce qui s'éloigne de l'harmonie dont tu rêves, te fait *souffrir* et cette *souffrance* t'aide à avancer.

Ne souffre pas toujours pour les autres. Ceux qui ne comprennent pas, ceux qui ne prennent pas, ce sont eux qui sont appauvris. Sois radieuse, ne te soucie pas de ceux qui ne sont pas prêts, je te l'ai déjà dit, ils le seront un jour.

Tout *souffre*, les animaux, les plantes et à un moindre degré la matière, à tort prétendue inanimée, puisque tout vit et bouge.

J'étais encore enfant quand je me suis posé pour la première fois cette question : — Pourquoi la *souffrance* ? Pourquoi le mal ? Pourquoi tant de violence et d'incompréhension ?

Et pourtant, je te l'affirme, tout ceci a un sens, un sens immense. Rien n'est absurde. Tout concourt au but final de lumière et beauté.

Il ne faut pas *souffrir* des anniversaires de mon entrée dans la lumière. Il faudrait t'en réjouir au contraire.

Il y a un an, j'étais près de vous, le cœur heureux, le corps malade, à la fois apaisé et *souffrant*.

Maintenant, je suis encore près de vous, mais je n'ai plus mal. Je suis heureux enfin. Aussi, je t'en prie, ne *souffre* pas de ne plus me voir, alors que tu me sens si vivant, si présent.

*
**

TRANSCOMMUNICATION
(voix enregistrée)

Question. — La ***souffrance*** *a-t-elle un sens ?*

Réponse. — Oui, je le pense.

Question. — La mort de tous les petits enfants, victimes des guerres, a-t-elle un sens ?

Réponse. — Oh oui ! je le pense. Il faut **souffrir**.

SOURCE

Écoute cette *source* intérieure qui chante en toi et qui a présidé à la naissance du monde : elle sait.

Pour devenir *source*, peut-être faut-il avoir eu soif.

Je suis pour toi devenu *source*. Et la *source* souffre si l'on refuse de s'abreuver de son eau.

La *source* est en toi, ne la mure pas.

Tout ce qui est s'abreuve à une *source* unique, du grain de sable à l'étoile, du brin d'herbe au prophète.

Vous mourez de soif, ayant oublié que la *source* est en vous.

C'est en cette *source* suprême et divine, *source* unique de toute vie, que tout ce qui existe puise son énergie.

Vous qui cherchez, revenez à la *source*. Seule son eau vive pourra désaltérer votre soif. Ne l'oubliez pas, cette *source* vivante jaillit au cœur de vous-mêmes.

Celui qui refuse d'être *source*, comme il a soif !

Soyez *source* pour tous les assoiffés d'amour.

Creuse en toi jusqu'à la *source* du jaillissement de toute vie, que nous appelons, faute de mieux, Dieu.

Je suis immergé dans la vie radieuse et tumultueuse, dans l'amour vivant et dans la *source* jaillissante de tous les possibles.

SPIRITUALISTE - SPIRITUEL

Tout être qui existe est *spiritualiste* puisqu'il est esprit avant d'être corps, le corps n'étant que le vêtement provisoire de l'esprit ; mais il l'a oublié.

Il faut partager non seulement le matériel, mais aussi et surtout le *spirituel.*

À l'avenir, le *spirituel*, qui est partie intégrante de l'être, sera reconnu et vécu dans la joie.

Celui qui ignore la dimension *spirituelle* de l'homme, ne peut ni le comprendre, ni le guérir.

Les êtres *spirituels* sont rayonnants, lumineux et tellement heureux.

T

TEMPS

Le *temps* n'existe pas. Quand tu rêves, tu fais déjà l'expérience d'un *temps* différent.

Nous ne vivons pas le *temps* comme vous, car nous saisissons tout à la fois le passé, le présent et l'avenir.

Le *temps* ici n'est pas le même... Il n'y a pas vraiment de *temps*... Notre *temps* est extensible, comme le *temps* de vos rêves... mais, en même *temps*, tout va plus vite. En une minute, on peut faire le tour de bien des choses et pourtant, les siècles reprennent leur juste proportion : ils ne sont rien qu'une ride sur l'eau.

Nous sommes hors du *temps* ; nous vivons au présent.

Le *temps* s'abolit : le passé est contenu tout entier dans l'instant présent qui, lui-même, est riche de tout le futur.

Le *temps*, en vérité, n'existe pas. Tout ce qui a été continue à être.

La minute présente est riche tout à la fois, du passé et de l'avenir et contient le *temps* dans son infinitude.

Ici, nous saisissons tout à la fois le passé, le présent et l'avenir. Nous voyons une pensée, un désir, une action dans sa totalité et non point d'une manière fragmentaire comme sur la terre.

On a tout le *temps*. Il n'y a que sur la terre que le *temps* est limité et qu'on a l'impression qu'on n'y arrivera pas.

Ici, on échappe à cette contrainte, comme aux autres, d'ailleurs, et c'est merveilleux.

Vous vivrez un *temps* propice aux révélations.

Une seconde, la seconde que tu vis contient tout le *temps*, le passé, le présent et le futur. La notion de *temps*, si limitative et contraignante sur la terre, éclate ici. C'est difficile pour toi d'imaginer ceci. Tout ce qui a été continue d'exister, tout ce qui sera est déjà. Si tu as le vertige, que ce soit un vertige heureux.

Ce que tu attends existe déjà quelque part, dans un des replis du *temps*. Seulement, à cette réalité-là, tu n'as pas encore accès, car le moment n'est pas venu pour toi de la rencontrer.

Le monde où je suis, est au-delà du *temps* et de l'espace, même s'il semble encore soumis à leurs lois.

Le *temps* n'existe pas. Tu peux, toi aussi, en faire l'expérience, si tu réussis à te plonger dans la merveilleuse plénitude d'un instant que tu sauras éternel.

Oui, nous ne vivons plus ici le même *temps* que vous. Mais nous vous accompagnons et connaissons vos fêtes, vos saisons et le déroulement des jours sur vos calendriers.

*
**

TRANSCOMMUNICATION
(voix enregistrée)

Question. — Peux-tu voyager dans le **temps** *?*

Réponse. — Oui, bien sûr !

Question. — Vois-tu le déroulement de notre **temps**, *la succession des saisons ?*

Réponse. — Oui, maman.

TENDRESSE

Donne à tous de la *tendresse*, comme le semeur qui jette ses graines.

Lorsqu'un élan de pure *tendresse*, vous pousse l'un vers l'autre, un grand courant lumineux jaillit et nous profitons de cette énergie joyeuse pour nous manifester.

L'avenir sera *tendresse*, promesse... Ne retiens pas le passé par tes doutes, tes craintes.

Celui qui a manqué de *tendresse* reste blessé à jamais. Mais ici toutes les plaies cicatrisent.

Nous avons besoin encore de votre *tendresse*, de votre fidélité. Nous sommes tout près de vous et nous souffrons de votre indifférence.

TERRE

La *terre* semble aller bien mal, mais, sache-le, elle va bientôt guérir de la maladie qui, depuis tant de siècles déjà, la minait. Elle s'apprête à revivre, à mourir pour renaître.

Un jour, la *terre* comprendra ; elle ne produira plus certains êtres encore tout pétris de violence. Elle se sera haussée d'un degré dans l'échelle spirituelle.

La vie sur la *terre*, c'est comme un brouillon de ce qu'on trouve ici.

La *terre* est dure, mais elle se transforme.

Une *terre* rénovée, transfigurée s'apprête à naître.

La *terre* est encore bien malade de l'égoïsme, de l'indifférence, de la débauche, de la pourriture, de l'argent. La *terre* doit guérir très vite, car elle est malade de l'homme.

La planète *terre* est un être vivant et pensant. L'esprit est partout.

La *terre* est vraiment pleine de souffrance. L'incompréhension, l'intolérance règnent. Chacun veut avoir raison et écrase l'autre, et ceci parce que les hommes n'ont pas encore trouvé la paix intérieure.

La *terre* n'est supportable que si on se laisse envahir par la paix de notre sphère.

Laisse-moi te guider dans cette demi-obscurité de la *terre*.

À propos de la mutation de la *terre*, il ne faut pas avoir peur de ce qui pourra se passer. La *terre* est comme un corps malade qui réagit et rejette des impuretés, elle a des convulsions, des nausées... Tout ceci est nécessaire à sa guérison.

Beaucoup de terriens sont malmenés par les événements, le désarroi s'accroît. Ces désordres vont encore, un temps, s'accentuer afin que la *terre* en sorte rénovée, qu'elle redevienne cette belle planète d'amour qui scintillera dans les cieux.

La *terre* est un vaisseau spatial. Que règne l'amour entre ses passagers !

Faites de la terre, un grand jardin d'amour, qu'elle redevienne une étoile radieuse scintillant dans l'infini !

La *terre* est au cœur de l'Infini.

La *terre* marche vers sa transfiguration par l'amour.

Sur la *terre*, vous êtes tirés à hue et à dia, vous êtes toujours tâtonnants.

Sur *terre* règne la confusion. Il faut cultiver le discernement.

Dans l'arène terrestre où rugissent tant de fauves, vivre l'amour est bien plus difficile que dans nos sphères radieuses.

Une immense marée s'apprête à recouvrir la *terre* pour la vivifier, la féconder et entraîner sa mutation durable.

La *terre* souffre de l'homme, mais ses plaies seront bientôt pansées. Rien n'est vain.

N'attends rien de la *terre*. Ce qu'elle te donne prends-le avec reconnaissance, mais je t'en prie, ne cherche pas l'absolu parmi ceux qui t'entourent.

La *terre* évolue dans un monde en création perpétuelle. Tout bouge, tout avance vers Dieu.

Oublie la *terre* sèche où tu as déposé mon écorce.

Tu n'es pas de la *terre*, et la *terre* ne peut que te blesser.

La *terre* est le reflet de ce que vous appelez le ciel, un reflet bien pâle, bien flou, bien terne.

La *terre*, ce vaisseau spatial qui tourne dans l'infini, doit porter une humanité solidaire et fraternelle.

La *terre*, elle aussi, évolue, car elle est un être vivant. Il est des mondes plus avancés qu'elle. La *terre*, en évoluant, entraîne l'évolution de tous ceux qu'elle porte, mais la réciproque est vraie : un seul être qui avance, fait avancer la planète tout entière.

La *terre* a aussi ses chakras par où pénètre la Lumière et d'où elle se répand. Ces lieux d'où souffle l'esprit vous rechargent en énergie spirituelle.

La *terre* et tous les êtres sur sa surface, s'apprêtent à transmuter, tout sera moins dense, plus subtil. Les discordes, violences, jalousies, disparaîtront. Mais cette nouvelle *terre*, créez-la d'abord en vous.

Nous vivons sur la même *terre*, mais vous la voyez avec les yeux de la chair, et nous, avec les yeux de l'esprit.

Nous appartenons à la *terre*, et c'est dans votre espace que nous devons évoluer, grandir et accomplir cette difficile ascension de l'esprit qui nous ramènera à la fin de notre périple, jusqu'au plan radieux où les vibrations approchent le plus de la vibration divine.

La *terre* est comme une bête qui s'éveille d'un long cauchemar, et s'apprête à contempler l'azur radieux des cieux.

Si j'étais resté sur la *terre*, je ne t'aurais pas aussi bien comprise, ni aussi bien aidée. Je n'aurais pas pu. Je n'aurais pas su.

Je me suis brisé à la *terre* et à sa dureté.

La *terre* est au cœur de l'infini, chaque seconde est un fragment d'éternité. De ce que vous appelez exil, de ce que vous croyez prison, vous pouvez vous évader. C'est la liberté déjà, si vous avez compris.

Sur la *terre*, vous marchez dans la semi-obscurité, alors vous ne comprenez pas le sens des épreuves et vous vous révoltez. Quelques êtres pourtant comprennent, et tentent de l'expliquer aux autres — et ils sont bien beaux.

La *terre* a besoin de crever ses abcès pour laisser sortir le pus et les miasmes mauvais.

Nous avons accès à la mémoire de la *terre* et à notre propre mémoire. Tout est d'une évidence totale... Je ne sais comment te dire : tout est et n'aurait pu être autrement.

Votre vie sur la *terre* est un reflet de la nôtre, comme notre existence à nous, est un reflet de celle de la sphère supérieure.

⁂

TRANSCOMMUNICATION
(voix enregistrée)

Question. — Savez-vous tout ce qui se passe sur la **terre** *sur le plan politique, scientifique et spiritualiste ?*

Réponse. — Oh oui ! on sait.

Question. — Saurais-tu me dire s'il existe des êtres qui vivent à l'intérieur de la **terre***, des intra-terrestres ?*

Réponse. — Oh non ! Ils n'existent pas.

Question. — Le taux vibratoire de la **terre** *est-il en train de s'affiner ?*

Réponse. — Je pense, maman.

Question. — L'homme quittera-t-il un jour la **terre** *? Colonisera-t-il l'espace, et vivra-t-il sur d'autres planètes ?*

Réponse. — Je pense que oui. Nous tous venons du ciel.

TIÈDE

Il ne faut pas être *tiède* en une époque aussi bouleversée et bouleversante que celle que traverse la *terre*.

Jésus n'aimait pas les *tièdes*.

Comme il est difficile d'atteindre les *tièdes* !

Les *tièdes*, là est le problème !

Tout glisse sur eux. Ils sont présents-absents. Un jour viendra pourtant où ils s'éveilleront.

Les *tièdes* ne sont pas au monde.

TOMBE - TOMBEAUX

Tous les *tombeaux* sont vides.

Je ne vais sur ma *tombe* que lorsque vous y allez. Je n'ai rien à y faire. Je n'habite plus ma dépouille.

Victor Hugo a raison : il faudrait pleurer sur les berceaux et sourire sur les *tombeaux*, car la mort, c'est la libération enfin.

*
**

TRANSCOMMUNICATION
(voix enregistrée)

Question. — Quand je vais sur ta ***tombe****, je ne te sens pas présent comme à la maison, j'ai une impression de vide. Est-ce normal ?*

Réponse. — Oh ! je n'y reste pas.

TOUT

Tout baigne en Dieu, *tout* rayonne le Divin ! (Phrase entendue directement la nuit.)

Tout est dans *tout, tout* est dans l'être. Les étoiles les plus lointaines, les constellations les plus éloignées sont là, en vous, avec vous.

Tout, absolument *tout*, vous rapproche du but.

Tout est voulu. Il n'y a rien de mauvais, de négatif. Il faut se réjouir de *tout* ; du moins, il le faudrait.

Ici, *tout* est vivant, radiant, harmonieux, joyeux.

Tout vient à point.

Tout sait. *Tout* est doué d'intelligence, *tout* baigne dans l'esprit.

Tout est bien, même ce qui vous blesse en cette fin difficile d'une ère.

Sois assurée que *tout* est pour le mieux.

Sache-le : *tout* est en toi.

Tout danse la vie, *tout* danse l'amour, *tout* danse la joie (dans le monde spirituel.)

Tout est là, dans l'espace que tu occupes, dans l'instant que tu vis. Nul besoin d'aller ailleurs. La véritable évasion est intérieure.

Tout est dans *tout* ; *tout* est dans un : chaque être contient l'infini. C'est simple et beau. C'est.

Tout va au but qui est le sien.

Tout veut dire quelque chose, *tout* apporte un message.

Tout monte, *tout* converge, *tout* se rejoint. Si l'on ne s'en aperçoit pas toujours, c'est qu'il nous manque des fils de la trame.

À qui ne doute pas, *tout* est possible.

Je ne puis *tout* te révéler, car si tu savais *tout*, tu ne ferais plus ces erreurs qui sont utiles à ton chemin.

Tout est dans toi, *tout* est toi.

Tout est en même temps, à la fois, *tout* est ensemble. Il n'y a ni espace, ni temps. Je ne suis pas parti.

Tout est dans *tout*, *tout* est divin.

Apprends que *tout* est déjà accompli.

Tout ce que vous vivez, absolument *tout*, même ce qui, avec le recul, vous semble une erreur, est tremplin pour aller plus loin.

Tout est chargé de sens, superbement.

Tout est en même temps et partout. Difficile à comprendre pour vous, mais cela est.

Tout est toujours pour le mieux.

Il y a tant à dire ; il y a *tout* à dire.

Tout doit être mérité et conquis dans la peine et souvent l'incompréhension.

Tout ici est clair, net, évident, comment dire, d'une éblouissante évidence.

Tout est dans *tout* ; l'énergie vitale relie les mondes.

Tout vient à point. Que dis-je ? *tout* est déjà là.

Tout est en toi ; rien n'existe qui ne soit toi.

Tout est possible, absolument *tout*.

Tout est merveilleux et juste malgré les apparences.

Tout est là où tu es. Inutile de se disperser, de voyager, de s'agiter. C'est dans le silence et l'amour que tu peux découvrir l'essentiel.

Tout est bien, puisque *tout* est.

***

TRANSCOMMUNICATION
(voix enregistrée)

Question. — Peux-tu nous dire quelques mots ?
Réponse. — Je suis là ! (proclamé).
Tout ce qui se passe, je le sais.

Question. — Vois-tu **tout** ce que nous voyons ?
Réponse. — Je vois **tout** ce qui se passe.
Je vous vois tous vivre.

TRANSFIGURATION
TRANSFIGURÉ

La mort est *transfiguration.*

Une humanité radieuse, *transfigurée* se lève.

La vie enfin libérée, s'épanouit ici, joyeuse, sublime, *transfigurée.*

Hâte par tes écrits, tes paroles, tes pensées, la *transfiguration* du vieux monde.

La terre marche vers sa *transfiguration* par l'amour.

Cet homme de demain, cet homme métamorphosé, *transfiguré*, laissez-le éclore en vous.

Ma mission, c'est d'aider la terre à sa *transfiguration.*

Va, rayonnante, *transfigurée* par ces certitudes que je te donne, afin que ceux que tu rencontres s'éveillent.

Les obstacles, les difficultés, il ne faut ni les refuser, ni les contourner, mais comprendre leur vrai sens et les *transfigurer*, les transcender.

Les êtres *transfigurés* vont s'habiller de lumière.

Une terre rénovée, *transfigurée*, s'apprête à naître.

Les expériences sublimes, mystiques, conduisent l'être à sa *transfiguration* et le prépare à sa future mutation.

Le plus ignoble des hommes sera, un jour, *transfiguré.*

Laissez la lumière vous pénétrer et jaillir de vous. Transformez-vous, *transfigurez*-vous.

Cette *transfiguration*, cette sublimation de l'homme par l'amour.

Les êtres *transfigurés* vont s'habiller de lumière.

La terre marche vers cette sublimation, vers cette régénération, vers cette *transfiguration.*

***

TRANSCOMMUNICATION
(voix enregistrée)

Question. — Une lectrice amie écrit : « Nous avons tant besoin de messages comme ceux d'Abel.

Abel Et la **Transfiguration** *sont, étrangement, côte à côte dans le calendrier (5 et 6 août).* **Transfiguration**, *ce mot plein de sens et de beauté que Victor Hugo aime tant ».*

Abel chéri, je te vois en rêve, nimbé de lumière, rayonnant, **transfiguré**. *Est-ce le hasard que ton prénom précède cette fête radieuse de la* Transfiguration *de Jésus ?*

Réponse. — Non, je ne pense pas.

Question. — La mort est-elle une **transfiguration** *?*

Réponse. — Oui... Bien sûr !

Question. — L'humanité marche-t-elle vers une sublime métamorphose, une **transfiguration** *?*

Réponse. — Oh oui !... Je pense oui.

TRANSMETTRE

Je fais ce que je peux pour te *transmettre* ce que j'apprends ici, mais je ne peux tout dire faute de mots — et puis, tu sais, il est des choses qui ne sont pas transmissibles, tu ne les comprendrais pas.

Transmets l'espérance.

Ce que je te donne, *transmets*-le à ton tour.

*
**

TRANSCOMMUNICATION
(voix enregistrée)

Question. — T'est-il possible de m'aider à être forte pour **transmettre** *l'idéal qui est le nôtre ?*

Réponse. — Oh ! je pense. Je t'aide déjà.

TRAVAIL - TRAVAILLER

Travaillons ensemble, vous qui continuez à vivre au milieu des êtres incarnés et nous, qui avons déposé au vestiaire notre corps de chair.

Ici, il y a beaucoup de *travail*.

Nous *travaillons* dans la joie. Nos tâches nous apportent un bonheur ineffable. Nous apaisons ceux qui souffrent et nous aidons la terre à opérer sa mutation.

Tu dois combattre le désespoir, le scepticisme, empêcher les gens de s'autodétruire, les éclairer, les aider à naître d'eux-mêmes. N'est-ce point là, un *travail* exaltant ?

Le repos éternel ! Quelle idée absurde ! Non, on ne se repose pas dans notre monde, mais notre *travail* est joyeux, consenti, choisi. Nous sommes occupés, très sollicités — et puis nous continuons à apprendre, à découvrir.

Ici, nous *travaillons* presque sans cesse, mais ce mot-là n'a pas le même sens que sur la terre. Notre *travail*, par nous choisi, est joyeux, gratuit. Il nous apporte bonheur et plénitude. Souvent, nous *travaillons* tous ensemble.

Je me suis fait ici de nouveaux amis : nous *travaillons* ensemble, nous vibrons ensemble (1).

Le *travail* que nous avons choisi — rien ne nous est jamais imposé, ne l'oublie pas — nous l'effectuons dans la liberté et l'allégresse, la facilité et la tendresse. C'est l'amour qui nous fait agir, comme d'ailleurs, tous ceux parmi vous qui sont missionnés.

Nous *travaillons* dans l'amour et la plénitude, c'est un véritable bonheur pour nous.

---

(1) Affirmation confirmée par la transcommunication.

Travaillez sans cesse sur vous-mêmes. Nous pouvons allumer en vous l'étincelle, mais ce long *travail* qui vous permet d'affiner vos vibrations, nous ne pouvons le faire à votre place.

Un jour viendra où les divers mondes *travailleront* ensemble en une splendide unité. Tout sera alors clair, évident, lumineux.

Nous *travaillons* pour hâter la venue de cette ère nouvelle que tu appelles de toute ton âme.

Travaille inlassablement à la naissance de ces temps nouveaux, à cette indispensable révolution, à cette essentielle mutation.

Travaille à ce but grandiose par tes pensées, par tes écrits, par tes paroles.

Tout en restant si près de vous, en vous accompagnant, nous pouvons *travailler* à diverses missions.

Nous *travaillons* très fort au changement de conscience de la planète. Il est grand temps.

En attendant cette heure sublime des retrouvailles, vous avez encore à *travailler* sur la terre. Mais, nous vous aiderons à ce travail et vous l'accomplirez plus forts, plus sereins, plus joyeux.

Le *travail* de tous ici est d'aider, aider la terre surtout qui en a tellement besoin.

Nous *travaillons* ici pour le plaisir et pour l'amour.

Nous *travaillons* avec les meilleurs d'entre vous pour le meilleur.

Il faut beaucoup *travailler* pour avancer. C'est un effort qui doit être quotidien, sinon c'est par la souffrance que vous progressez... Courage et confiance !

Tu as encore un énorme *travail* à faire — aider l'humanité à renaître d'elle-même — et je suis-là, nous sommes là, pour t'y aider.

Faire naître en chacun et en soi le nouvel être, quel *travail* !

Unissez-vous pour mieux vous ouvrir sur la vie immense, sur le monde entier et *travaillez* tous ensemble à ces temps nouveaux.

L'image que trop d'hommes se font de la vie dans le monde spirituel est fausse : nous ne restons pas inconscients, plongés dans un éternel repos, pas plus que nous ne demeurons là, béatement, à contempler les anges. Nous sommes, au contraire, très occupés, très sollicités. Nous choisissons un *travail* dans la joie, l'amour et, bien sûr, la gratuité.

Je *travaille* auprès de vous, j'aide ceux qui m'appellent, je participe à l'immense *travail* de mutation de la terre et j'apprends des tas de choses : il me semble que je ne cesserai jamais de découvrir, dans un émerveillement et une curiosité toujours renouvelés.

Je continue à *travailler*, à découvrir, à explorer. C'est prodigieux, c'est infini, c'est la merveille.

***

TRANSCOMMUNICATION
(voix enregistrée)

Question. — Tu essaies d'apaiser ceux qui souffrent et tu aides la terre à opérer sa mutation. Est-ce bien cela ton **travail** *?*

Réponse. — C'est cela, oh oui !

U

UNITÉ

La compréhension de la vie dans son *unité* radieuse apporte le bonheur.

Déploie ta conscience, ouvre ton âme, découvre le vrai regard. Dépasse cette vision morcelée du monde qui fait tant de mal. Tu AS tout. Tu ES tout. Vouloir posséder, c'est accepter de fragmenter, de diviser, d'opposer.

Ici rien n'est morcelé. Nous avons conscience de cette merveilleuse *unité* et nous la vivons de l'intérieur. Sur la terre, vous vous plaisez à tout opposer... Ici, je suis moi et je suis l'autre entièrement, sans toutefois perdre conscience d'être moi. C'est simple, évident, mais difficile à traduire en mots.

Ce qui nous entoure est en même temps en nous et nous... C'est une communion totale, une *unité* joyeuse.

L'immensité est contenue dans ce qui est le plus petit. La vie palpite partout et elle est d'une seule essence... Tout se tient, tout se contient, tout est réuni en une immense symphonie, une radieuse *unité*.

Nous nous sommes séparés de l'*unité* pour vivre nos existences individuelles, mais, au bout, il y aura l'embrasement radieux, l'embrasement en Dieu.

L'*unité* merveilleuse et vivante du tout.

Cette *unité* que vous cherchez tant, que vous poursuivez comme un idéal qui vous jette, à corps et à cœur perdus, dans tant d'aventures et de mésaventures, seul l'Amour, le vrai, l'universel vous permettra de l'atteindre.

Ici, aucun sectarisme n'est possible, car chacun a la conscience profonde et merveilleuse de l'*unité*. Ce qui sépare, oppose, n'existe plus, dans nos sphères.

C'est cette connaissance intérieure, cette connaissance supérieure qui vous permet parfois, d'avoir des échappées sur notre monde et le sentiment de l'*unité*.

Tu dois parvenir à cette conscience de l'*unité*, afin que ton existence atteigne des cimes radieuses.

Ici, nous découvrons la plénitude, au sein d'une splendide et immense *unité*.

Tout, sans cesse, se fond et se confond en une merveilleuse *unité*.

Victor Hugo n'ignorait pas l'*unité* de tous les êtres :

« Ah ! insensé qui crois que je ne suis pas toi ! »

Tout est *unité*, tu es moi et je suis toi. Nulle séparation entre nous.

Aucune contradiction ici, rien qu'une radieuse et profonde *unité* : on est ici et ailleurs ; l'on est soi pleinement et pourtant l'autre entièrement. C'est pour vous difficile à comprendre.

Tu es à la fois la vague et l'océan, l'humanité entière palpite en toi. Cette conscience de l'*unité* de tout ce qui existe t'emplira de félicité.

Quel bonheur ineffable dans le monde spirituel de retrouver l'accord profond avec soi-même, d'être soi totalement, merveilleusement, tout en ayant retrouvé l'*unité* parfaite avec les autres, une sublime communion qui nous emplit de paix et d'allégresse. Cette conscience de l'*unité*, vous la perdez en vous incarnant.

La solidarité ici porte un nom : *unité*.

Les hommes ont tendance à juger, à comparer, à préférer, à hausser quelqu'un pour rabaisser l'autre.

Il faut absolument dépasser cet état d'esprit en ayant le sentiment de votre *unité*.

Je suis toi, tu es moi. Tout est relié à tout en une sublime communion, en une merveilleuse et vivante *unité*.

Tout est un. La fleur est le soleil et le soleil est la fleur. La vie terrestre, c'est cette douloureuse illusion de la séparation. Tout vous semble morcelé : le temps que vous découpez, l'espace que vous fragmentez, alors que, tout existe à la fois, que l'univers est *unité*, qu'il n'y a pas d'ici et d'ailleurs, de passé ni d'avenir, qu'il n'y a pas l'autre et moi, mais que tout EST, superbement, éternellement, radieusement.

Cette *unité*, tout ton être aspire à la retrouver car, au commencement, la parcelle d'être divin qui est en toi n'était pas séparée de Dieu. De cet arrachement, tu as souffert et tu espères de toute ton âme réintégrer l'*unité* originelle.

Si tu comprends bien cette essentielle *unité*, tu comprendras que celui que tu détestes est toi et que le mal que tu fais à quelqu'un, c'est à toi que tu le fais.

L'univers est *unité*, pas de je et vous, pas d'extérieur, pas d'intérieur, pas de haut ni de bas. Tout communique, tout communie.

Il n'y a pas d'ici et d'ailleurs, de dehors et de dedans, de haut ni de bas. Tout est à la fois, en une magnifique et splendide *unité*.

Tout est lié, seule l'illusion te fait croire qu'il y a séparation. Les physiciens ont découvert cette étonnante *unité*.

Tout est un, de l'infiniment petit à l'infiniment grand ; oui, tout est radieuse et vivante *unité*, parce que tout, sous ses multiples aspects, est l'Unique.

La vérité dépasse la dualité et atteint l'*unité* fondamentale du tout.

Tu es reliée à l'existence collective, à la conscience collective, infime partie de la création et pourtant, la création tout entière palpite en toi : c'est cela, l'*unité*.

L'*unité* ne sera réellement vécue que lorsque chaque être donnera à tous les autres, comme à autant de fragments de lui-même, la permission de s'épanouir pleinement, d'exister avec leurs différences, leurs aspirations, et d'aller jusqu'au bout d'eux-mêmes. Cette conscience de l'*unité* sera une fantastique expérience d'amour.

Il n'y a pas de frontières ici, il n'y a qu'une immense et radieuse *unité*.

Ici, aucun sectarisme n'est possible, car chacun a la conscience profonde et merveilleuse de l'*unité* de tout.

Rien de ce qui sépare, fragmente, oppose n'est concevable dans nos sphères.

Tu dois atteindre cette conscience de l'*unité*, afin que ton existence gravisse des cimes radieuses.

Ici, rien qu'une splendide et vivante *unité*.

Dans le monde spirituel, tout est *unité*. Tout communique, tout correspond, la musique est couleur, la couleur est amour, tout nous pénètre, tout chante, tout exulte.

De plus en plus, on vous demandera de vivre ensemble, au vrai sens de ce mot, afin d'être une *unité* vivante, solide et rayonnante.

Tout est *unité*, rien n'est séparé : c'est du tissu divin que tout ce qui existe est composé, et c'est l'Amour infini qui permet à toute chose d'être.

Cette superbe et vivante *unité* englobe tout ce qui vous paraît opposé, morcelé, et résout toutes les contradictions apparentes.

Je suis moi entièrement, avec mes souvenirs qui remontent à bien plus loin que ma dernière incarnation ; moi, avec mon caractère, amélioré bien sûr par l'immense prise de conscience qui est la nôtre dès notre arrivée ici ; moi, avec mes aspirations ; moi, avec mon amour pour toi, pour vous. Mais mon moi est en parfaite communion, en fusion totale avec celui des autres. Comment t'expliquer cette merveilleuse *unité* ? Je suis moi intégralement et je suis l'autre totalement. C'est simple, évident. Tu comprendras un jour.

Si chaque être humain comprenait l'*unité*, s'il savait que celui qui meurt de faim aux antipodes, c'est lui, alors, il ne pourrait plus gaspiller, il ne pourrait plus accumuler aux dépens de son alter ego.

Quand tu me poses des questions difficiles, nous sommes nombreux à te parler à travers moi (1), car ici tout est fusion, *unité*, il n'y a pas de moi, ni de toi, bien que nous gardions intacts notre conscience et nos souvenirs. C'est difficile à comprendre pour toi. Ces vérités que nous t'aidons à retrouver sont en toi. Car ce que j'ai découvert ici, tu le sais, depuis toujours.

*
**

TRANSCOMMUNICATION
(voix enregistrée)

*Question. — As-tu le sentiment de l'***unité***, que rien n'est séparé, morcelé ?*

Réponse. — Oh oui !... Tout est lié.

(1) En transcommunication, à propos de ces messages, Abel a dit : « — C'est nous. »

UNIVERS

Tu es riche de l'*univers* tout entier, car l'*univers* est en toi, infini et palpitant.

Nos *univers* s'interpénètrent et n'en forment qu'un.

Notre *univers* est fait d'ondes vivantes, d'ondes vibrantes, d'ondes d'amour, interférant votre *univers* matériel.

Tout est projeté en avant ; l'*univers*, sans cesse, évolue.

*
**

TRANSCOMMUNICATION
(voix enregistrée)

*Question. — Est-ce que tout ce que nous vivons, — même nos actes les plus anodins — est consigné dans la mémoire de l***Univers** *?*

Réponse. — Oh oui ! bien sûr ! Et nos pensées aussi.

UTILE

Tout est *utile* du moindre brin d'herbe à la plus vaste constellation.

La poésie, qui embellit le monde, est *utile*.

Sois *utile* : prodigue ton amour, partage tes convictions.

Chaque être est *utile* dans la vaste symphonie de l'univers.

Tout être qui transmet un message de paix, d'amour et d'espérance est *utile*.

Rien n'est de trop, rien n'est superflu, tout fait partie du tout, tout est *utile*.

Chaque être est précieux, chaque vie est *utile*.

***

TRANSCOMMUNICATION
(voix enregistrée)

Question. — Est-il **utile** *que je transmette tes réponses au plus grand nombre possible de mes frères humains ?*

Réponse. — Oh oui ! tu dois le faire.

V

VÉRITÉ - VRAI

Toutes les religions contiennent une étincelle de la *vérité* universelle. Cette *vérité* se trouve aussi dans chaque homme.

Il vaut mieux la chercher soi-même que de la prendre toute faite au risque de mal la digérer.

Chacun découvrira la *vérité*, sa *vérité* qui n'est autre que la *vérité* universelle.

Sur terre, il y a toujours eu sur les plus belles *vérités* des tas de parasites qui pullulent.

Notre monde est le *vrai*.

Si la *Vérité* divine vous était dévoilée, vous seriez consumés.

Durant la vie terrestre, chacun ne saisit qu'un fragment de la *Vérité* divine et encore, ce fragment est-il mal compris, déformé, caricaturé.

Les hommes ont soif de *vérités* profondes, de certitudes radieuses.

Ne te torture pas à chercher la *vérité* dans les livres. Certains, certes ! en offrent de beaux reflets, mais c'est en toi que tu la trouveras.

Ici tout m'apparaît si clair, si radieusement *vrai*.

La *vérité* scintille au fond de vous-même, comme le soleil miroite au fond du puits. Ramenez-la à la surface.

La *vérité* finit toujours par triompher, le mensonge par s'effriter.

Tout rayonne ici ; tout danse la *vérité* et la beauté.

Sur terre, la *vérité* est voilée.

J'ai grandi. Je suis maintenant celui qui sait certaines *vérités* qui te sont encore cachées.

La *vérité* est harmonie ; la *vérité* est amour.

Tout viendra en son temps. Chacun saura un jour. La *vérité* est en tous et tous la trouveront.

Durant la vie terrestre, la *vérité* ne peut être saisie que d'une manière fragmentaire, ce qui explique tant de fanatismes hideux. Le jour où chacun acceptera la vérité de l'autre et qu'il s'en sentira grandi, enrichi, alors, le règne de l'Amour sera prêt à investir la terre.

Comme une étoile, la *vérité* palpite en vous. Quelque part, au fond de vous, vous savez. Fiez-vous à vos intuitions.

La même *vérité*, suivant le niveau d'évolution de celui qui la reçoit, est interprétée différemment et souvent déformée. Ainsi d'une *vérité* unique naissent des doctrines différentes et parfois opposées. Ceci est *vrai* bien sûr, sur la terre, mais encore ici, dans les sphères inférieures du monde spirituel.

Ici, tout est si simple et clair ; tout est évident ; tout est *vrai*.

Les humains compliquent et embrouillent tout. C'est pourquoi sur la terre, il y a tant de prétendues *vérités*, ce qui entraîne des querelles parfois tragiques.

Cette *vérité* qui est Lumière, on ne la découvre dans sa totalité que lorsque l'on a achevé son évolution.

La *vérité* est ardente et brûle ceux qui la touchent.

Dès qu'un groupe affirme que lui seul possède la *vérité*, alors il faut se dépêcher de fuir. La *vérité*, elle est en toi, vivante, radiante et elle ne demande qu'à inonder ta vie et à illuminer tes heures.

La *vérité* dépasse la dualité et atteint l'unité fondamentale du tout. Cette *vérité* morcelée, cette *vérité* qu'on oppose à une autre *vérité* qu'elle semble contredire, cette *vérité* d'aujourd'hui qu'on découvrira fausse demain, tout ceci n'est pas la *Vérité*.

La *Vérité* est éternelle et éblouissante. Vous n'en possédez que des fragments, morcelés et déformés.

Au bout de sa course, chaque âme retrouve la *vérité* immense, éblouissante et éternelle.

Je te transmets des pensées, des réponses à tes interrogations, réponses qui ne sont, en aucune façon, la *Vérité* avec un grand V, mais pourtant une *vérité* un peu plus lumineuse que celle, trop souvent obscurcie ou fragmentée, de la terre.

Ici, je vois plus *vrai*.

La *Vérité* divine se réfracte à travers vos cerveaux qui n'en saisissent qu'un pâle reflet. C'est pourtant au nom de ces tronçons de *vérité* que tant de fanatismes meurtriers sont nés.

***

TRANSCOMMUNICATION
(voix enregistrée)

Question. — **La** vérité *est-elle simple et sont-ce nos cerveaux qui compliquent ?*

Réponse. — Oui, c'est *vrai.*

VIBRATION - VIBRATOIRE VIBRER

Je suis dans un monde de *vibrations* joyeuses.

Accorde ton âme à l'universelle *Vibration.*

Tout ce qui existe est *vibration*, tout *vibre.*

Chaque être a ses propres *vibrations*, elles sont uniques... Chaque degré *vibratoire* correspond à une zone de l'esprit.

Chacun *vibre* à sa propre fréquence, dans notre monde comme sur la terre.

On est propulsé, à la mort du corps physique, sur le niveau qui correspond à nos *vibrations.*

Tout est *vibration*, votre corps physique, vos pensées, vos paroles, l'aile d'un papillon. L'amour est *vibration.*

Tout *vibre* ; tout vit.

Affinez vos *vibrations.*

Peu d'êtres incarnés arrivent à percer la paroi. Tu *vibres* en ce moment avec d'autres *vibrations.*

Ici, tout *vibre* et rayonne.

Même celui qui affine au maximum ses *vibrations* appartient à la terre ; s'il y échappait, il nous rejoindrait.

Votre corps terrestre est fait de *vibrations*, comme tout ce qui existe. Travaillez à les rendre aussi subtiles que possible, et vous vous ouvrirez à des réalités radieuses.

Tout ce qui existe dans la création est *vibration*.

Élevez vos *vibrations*, afin que s'élèvent plus vite celles de la terre.

Laisse-toi traverser par nos *vibrations* et nos ondes. Laisse-les se transformer en mots-flammes, en mots-phares.

Les *vibrations* d'amour, de paix, de lumière, de joie, sont contagieuses. Qu'elles se répandent sur la terre, par vous, grâce à vous.

La plume de l'oiseau, la corolle de la rose, la joue de l'enfant, offrent la même émouvante douceur. Elles sont faites de la même substance, des mêmes *vibrations*.

Affinez votre taux *vibratoire*, afin de mieux percevoir nos sphères.

Écoutez *vibrer* vos cellules.

Mettez-vous en accord avec l'immense *vibration* de paix et d'amour qui sous-tend toute vie.

Vibrez d'amour et de joie, d'enthousiasme et d'espérance et faites *vibrer* ceux que vous approchez. Alors la vie se multipliera,

Nos photographies vous aident, vous qui ne voyez pas nos corps spirituels, à capter nos *vibrations*.

Après avoir quitté l'enveloppe charnelle, le corps spirituel garde ses *vibrations*, ses ondes propres... Suivant notre degré de *vibrations*, nous nous trouvons projetés dans des zones de l'esprit différentes, plus ou moins subtiles et élevées, non point dans le sens de la hauteur physique, mais d'élévation spirituelle.

Je suis immergé dans un ballet de *vibrations* délicieuses, merveilleuses, qui sont, tout à la fois et en même temps, couleurs, parfums, musique.

Nous créons nous-mêmes nos vêtements et ces habits spirituels *vibrent* avec des *vibrations* identiques à celles de nos corps spirituels.

Les *vibrations* de celui qui capte un message de nos sphères, et de celui qui l'envoie doivent s'accorder.

Ouvre-toi à cette merveilleuse *vibration* de Beauté et de Vérité qui te permettra de te libérer des vieilles structures qui t'enferment et de ce jeu d'illusions que tu appelles la vie.

Tout est *vibration*, vois-tu : l'amour et la haine, la beauté et la laideur. Tout est une question de fréquences. Élève-toi sans cesse au-dessus des basses fréquences qui polluent les pensées et les cœurs.

Ces *vibrations* qui nous entourent et qui constituent notre monde avec ses couleurs, ses parfums, son ineffable beauté, sont vivantes.

⁂

TRANSCOMMUNICATION
(voix enregistrée)

Question. — Sens-tu tout **vibrer** *autour de toi ?*
Réponse. — Oh oui ! bien sûr.

VIE - VIVANT - VIVRE

La *vie* terrestre, c'est la conscience morcelée.

Il est des *vies* qui construisent et des *vies* qui détruisent, mais aussi des *vies* qui ne font que traverser les lèpres de nos sociétés...

Ces *vies*, si négatives en apparence, ont aussi leur valeur. C'est pourquoi il ne faut juger personne, jamais.

La vraie *Vie*, c'est ici.

Ici, tout tourbillonne, tout danse la *vie*.

La *vie* terrestre n'est qu'un rêve, un rêve plus ou moins gai, plus ou moins conscient, mais un rêve dont, tôt ou tard, il faut bien se réveiller.

Je suis votre enfant, enfin délivré de la tourmente de la *vie*.

La vraie *vie* n'est pas dans ce qui d'un individu pourrit, mais dans ce qui danse dans la lumière, léger et éternel.

La *vie* se perpétue ici, et s'embellit, et s'élargit et elle rayonne.

Il n'y a pas de *vie* inutile. Il n'y a pas de sotte *vie*. Même ceux qui font le mal ont leur utilité.

Que la *vie* soit autour de vous multipliée, autour de vous offerte.

Ce que vous appelez la *vie* n'est qu'un rêve et bien souvent, hélas ! un mauvais rêve.

Quand on a retrouvé le vrai monde, c'est la *vie* dans la matière qui semble une fantasmagorie, un jeu d'ombres.

La *vie* terrestre est un jeu de piste divin. (Phrase entendue la nuit.)

Ceux que vous pleurez sont *vivants*, infiniment plus *vivants* que vous.

Il n'est rien qui ne soit *vivant* et tout est fait du même tissu, le tissu divin. Tout *vit*, tout vibre. La pierre *vit*, la mer *vit*.

Mais notre *vie* à nous, dégagée de sa gangue matérielle, est une *vie* plus intense, une existence plus consciente.

La *vie*, c'est le mouvement.

Ce que vous croyez être la *vie*, vous propulse sur la terre méchante.

La *vie* terrestre est une dérisoire pantomime.

La *vie* terrestre n'évolue qu'à travers les épreuves ; elle est rocailleuse et douloureuse.

Je suis heureux, *vivant*, tellement plus *vivant* que vous qui êtes encore empêtrés dans la matière.

La *vie* terrestre contient le meilleur et le pire. Chacun en fait l'usage qu'il veut.

Que ta *vie* flamboie, incandescente et joyeuse !

Je vois la *Vie* multiple et splendide, *vivante* et colorée, vibrante et une.

Chaque être est précieux, chaque *vie* est utile.

Tout ce qui *vit* forme une vaste symphonie.

Je me suis réveillé de ce songe que vous appelez la *vie*, ce songe qui, trop souvent, prend des allures de cauchemar.

Il est difficile d'atteindre, durant la *vie* terrestre, cette transparence des cœurs et des âmes qui permettrait une totale compréhension, non seulement des lois inconnues qui mènent le monde, mais même d'un autre être, aussi chèrement aimé soit-il.

La *vie* dans le monde spirituel est, au sens propre du terme, une école, un enseignement : tout notre être en pénètre la sagesse, en découvre, ébloui, la lumineuse vérité.

La *vie* dans le monde matériel est l'épreuve, l'examen permettant de vérifier si cet enseignement a été bien compris. En effet, le moment est venu de le faire passer dans les actes, d'agir sur la matière, d'aider, de guérir, de construire.

Le corps physique sert à cela, à vous donner la possibilité d'agir. L'amour ne prend tout son sens qu'en se heurtant à la rude réalité terrestre.

La *vie* terrestre est un examen dont nous avons accepté à l'avance les épreuves.

Tout *vit*, tout vibre, tout souffre, tout a besoin d'amour, même les pierres.

La *vie* sur la terre n'est qu'une projection de l'esprit dans la matière.

Partagez la *vie* dans son jaillissement, dans sa beauté, sa bonté.

Il n'y a pas une « autre » *vie*, c'est la même qui se prolonge. La *vie* est, et elle est éternelle.

Nous ne sommes pas ressuscités. Il n'y a pas de rupture dans la continuité de notre existence. La *vie* continue, plus légère, plus consciente. C'est tout.

Vivez différemment, comme des personnes qui savent que le corps physique n'est qu'un véhicule, que la réalité que vous appréhendez au moyen de vos sens n'est pas la vraie réalité, que, tel un rideau épais, elle en occulte une autre plus lumineuse, que tout a un sens. *Vivez* vrai.

Si chacun comprend que la *Vie* est infinie, qu'il n'y a qu'UNE *vie* dont vous ne saisissez sur terre que des bribes, une *vie* qui s'éploie en de nombreuses séquences, alors les valeurs de la terre apparaîtront dans toute leur vanité. Les hommes s'uniront pour rechercher, le beau, le vrai.

Que la *vie* enfin s'épanouisse dans tous les cœurs !

Je suis là, attentif, fidèle et si prodigieusement *vivant*.

Nous *vivons* dans la féerie.

Chacun a sa place dans le ballet fantastique de la *vie*.

La *vie* terrestre, telle un miroir aux alouettes, est pleine de pièges, de tentations, d'illusions.

La *vie* sur la terre n'est qu'une infime partie de la vraie *Vie*.

« Changer la *vie* », disait déjà Rimbaud. L'heure approche de cette fantastique mutation.

Que la *Vie* soit autour de vous, multipliée, autour de vous offerte !

Vivez chaque instant dans la plénitude et remerciez la *Vie*, belle et féconde.

Vous devez *vivre* ce pourquoi, vous êtes né et ce que — ne l'oublie jamais — vous avez choisi de *vivre* avant de revêtir votre corps de chair.

Si les hommes découvrent que la *vie*, leur *vie* est infinie, ils devront changer leur existence, leurs pensées, leurs buts. Beaucoup ne sont pas prêts à un tel bouleversement de leurs habitudes, car ils restent englués dans la matière, prisonniers de la futilité et du profit.

La *vie* terrestre est un stage et un examen. Mais beaucoup, hélas ! en s'incarnant, ont oublié son sens sacré.

Faites fleurir la *Vie* !

Toute *vie* est un poème, un chant ; toute *vie* est sacrée.

Orientez votre *vie* vers l'éternel et non point vers l'éphémère qui ne vous apporte que souffrance et déception.

Ouvrez-vous à la vraie *Vie*, universelle, éternelle et radieuse.

La *vie* terrestre n'a de sens que si elle est éclairée de l'intérieur. Sinon, elle semble une comédie sans but. Pour tant de gens, elle n'apparaît que comme un jeu dérisoire et insensé, alors ils s'agitent, s'étourdissent de plaisirs ou s'affairent comme les abeilles d'une ruche, pour tenter d'oublier ce vide fondamental qu'il croit extérieur à eux et qui, en fait, est en eux.

Que ta *vie* soit offrande et action de grâces !

Étreins la *Vie*, palpitante, infinie.

Toute *vie* est un scénario divin.

La *vie* est une lutte perpétuelle avec soi-même.

Que votre *vie* flamboie, incandescente et joyeuse !

Nous *vivons* plus intensément et pourtant, le temps n'existant plus, plus lentement. Nous sommes loin des courses folles de la terre...

Vis ici et maintenant, car tout est contenu dans l'instant présent.

Sois attentive à toute *vie* et au message que tente de te transmettre tout ce qui *vit*. Écoute le vent et les flots, la pierre et l'oiseau.

La *vie* terrestre est la salle d'attente, l'antichambre de l'infini. Cette attente n'est pas passive, mais active.

Croyez, en la *Vie* infinie et féconde ; croyez, en sa transmutation prochaine sur la terre.

Tout *vit*. L'atome non seulement est *vivant*, mais doué de mémoire et d'intelligence.

Bien des hommes se défendent contre nos révélations qui rejoignent pourtant leur intuition profonde, car il leur faudrait remettre en question toute leur *vie*, s'ils acceptaient de la savoir infinie.

Faites confiance à la *Vie*, la *Vie* unique et infinie, la *Vie* aux multiples séquences, la *Vie* aux cent souffrances, la *Vie* aux mille espérances.

Proclame que la *Vie* est éternelle, que l'homme est immortel, que tout dans la création, de la plus petite particule à l'astre le plus grand, *vit* et marche vers une *vie* sublime.

Je vois la *vie*, multiple et splendide, vibrante et une, rutilante de couleurs, un ballet prodigieux et radieux.

Découvre la *vie* dans sa transparence, sa bonté.

La *vie* est là et elle est infinie.

La *Vie*, vois-tu, est continue, ininterrompue. Ce qui est fragmentaire, discontinu et éphémère, c'est la *vie* de ces corps qu'emprunte, un temps, la *Vie*.

Ma *vie* se perpétue, lumineuse et heureuse dans l'infinie liberté — et, pourtant, à tes côtés.

Un instant, tu contemples le monde avec le vrai regard, tu découvres la clarté, la beauté de tout, te voici apaisée et ton cœur se réjouit. Puis tu retombes dans la peur, l'angoisse, la souffrance et, de nouveau, tu pleures.

Rassure-toi, ces retombées font partie de la *vie* terrestre. Tu ne peux *vivre* totalement la béatitude de l'esprit, sinon tu ne serais plus sur cette terre, tu aurais rejoint notre plan de conscience.

Je suis heureux d'avoir un tout petit peu bousculé ta *vie* et de l'avoir infléchie vers davantage de lumière, de certitude et de paix.

Regarde la *vie* terrestre de l'œil d'un spectateur qui voit se dérouler dans la salle une pièce de théâtre. Tu dois, sans cesse, tirer les leçons de la pièce de la *vie*.

La *Vie* n'est pas détruite quand un corps s'arrête de *vivre*. Oh ! non, elle est transformée, elle est sublimée.

À proprement parler, il n'y a pas d'« autre » *vie*, il n'y a qu'une *vie*, unique et qui se perpétue à l'infini.

***

TRANSCOMMUNICATION
(voix enregistrée)

Un chœur proclame. — Nous sommes **vivants** *!*

et plusieurs fois, au cours des séances, Abel a affirmé :

— Je suis **vivant ! — Je suis vivant, heureux.**

***Question. — Vivez-vous la vraie* vie** *?*

Réponse. — Je crois qu'on s'en rapproche.

VISION

Dépasse la *vision* superficielle pour pénétrer l'essence de ce que tu vois.

Vivez l'amour, le vrai, et la *vision* matérielle des choses se transformera en *vision* profonde, la seule véritable.

Vous ne pouvez avoir la *vision* de l'invisible qu'en un instant de perfection.

Tentez de dépasser la *vision* fragmentaire pour atteindre la *vision* unitaire de ce qui est.

Ce que les humains appellent *vision*, c'est cet état de grâce qui vous permet d'entrevoir, parfois, derrière l'opacité des apparences, le réel.

Il est des *visions* qui, à jamais, bouleversent une vie en l'infléchissant, pour toujours, vers la lumière.

Ayez une *vision* vraie de tout ce qui vous entoure, de votre vie, de vos épreuves et tout prendra son sens véritable.

VOLONTÉ - VOULOIR

Ta *volonté* doit être partie intégrante de l'immense *volonté* qui soutient le monde.

Si ta *volonté* te conduit à la révolte, au refus des obstacles qui parsèment ton chemin, elle t'éloigne alors de cette difficile sagesse qui est acceptation et abandon.

Tout est *voulu*. Dieu sait pourquoi certains embarquent, d'autres débarquent.

Mets ta *volonté* au service de ton évolution, qu'elle t'aide à rechercher toujours davantage de perfection.

Si, il suffit de *vouloir*, mais de *vouloir* profondément, ardemment, et alors les moyens de la réalisation te seront donnés. *Vouloir*, c'est pouvoir.

Une *volonté* profonde, consciente, lumineuse vainc tous les obstacles. N'oublie pas que tout, toujours, est possible à qui croit, à qui *veut*.

Ne pleure pas sur ceux qui ne *veulent* pas prendre ; ils ne peuvent pas encore comprendre. Un jour, sois en sûre, ils seront prêts.

VOIE

Chacun doit suivre la *voie* qu'il a acceptée avant de naître sur cette terre. Sois donc assurée que tout ce que vit chacun est le meilleur pour lui.

Chaque être a une *voie* qui lui est propre et toute *voie* suivie avec sincérité vous conduit vers la lumière.

Peu importe la *voie* que vous suivez, ce qui importe, c'est la foi, c'est la joie et, bien sûr, la tolérance, l'absence totale de sectarisme.

Ta *voie* était dans l'amour partagé, ce que les bouddhistes appellent la « compassion ». Désormais, tu dois proclamer, face à un monde encore sceptique et matérialiste, que tu en as des preuves, l'amour s'infinit.

Celui qui n'a pas trouvé sa *voie* est profondément malheureux. Mais, par des chemins détournés parfois, il finira par la découvrir et alors sa vie lui semblera évidente, claire et signifiante.

Il n'est pas de *voies* obscures qui ne conduisent pourtant, un jour, à la lumière...

VOIX

Sois attentive à la grande *voix* de la nature : elle est divine.
Tout vit, tout parle, tout est plein de *voix*.
Le chœur des *voix* humaines est parfois discordant.
Non, nos *voix* ne se sont pas tues. C'est vous qui ne les entendez plus.
Nos *voix* n'ont pas disparu, vous pouvez les enregistrer.

***

TRANSCOMMUNICATION
(voix enregistrée)

Question. — Est-ce que c'est dur pour toi d'enregistrer ta **voix** *?*
Réponse. — Non, ce n'est pas trop difficile.
Question. — Peux-tu nous dire quelques mots, mon enfant ?
Réponse. — Nos **voix** sont enregistrées...

VOYAGE - VOYAGER

La mort est un *voyage*, le plus beau.

Le vrai *voyage* est intérieur.

Le *voyage* véritable, c'est le retour, après bien des péripéties, à la source divine, cette prodigieuse ascension vers la vérité et la beauté suprêmes.

L'essentiel pour moi est d'approfondir la vérité, non point de *voyager* dans l'infinité des mondes.

Un moine, dans sa clôture, *voyage* bien plus loin que l'explorateur le plus avide d'aventures.

En aucune façon, il ne faut provoquer le *voyage* astral. D'ailleurs, tant qu'on reste lié au corps de chair, on demeure dans l'antichambre du monde spirituel : un choc, un bruit forcent à réintégrer brutalement le corps physique. Mais ce *voyage* permet tout de même à celui qui le réalise d'avoir la certitude de l'existence du monde spirituel, et de découvrir que vos lois, votre réalité, ne sont pas les seules, qu'il existe une autre dimension de vérité et de beauté.

Vos songes sont des *voyages* vers nous.

Rien ne sert de *voyager*, tout est en vous.

Tu peux tout découvrir, tout comprendre, en *voyageant* autour de ton jardin.

Abîme-toi dans cet espace intérieur, dans cette dimension divine, dont tu gardes la nostalgie et ce sera le plus beau des *voyages*.

Ce long *voyage* de l'âme la ramène, après une périlleuse et difficile odyssée, au Divin.

⁂

TRANSCOMMUNICATION
(voix enregistrée)

Question. — Pour nous qui sommes incarnés, le vrai **voyage***, est-il intérieur ?*

Réponse. — Oh oui ! maman.

Question. — As-tu **voyagé** *dans les galaxies lointaines ?*

Réponse. — Non, je reste sur la terre.

— Ensemble, on **voyagera** (1).

---

(1) Quand j'aurai rejoint Abel dans le monde spirituel.

TABLE DES MATIERES

Avertissement de l'auteur	9
Aimer - Amour	11
Ange	20
Apaiser	22
Apparence - Apparent	23
Approfondir - Ascension	25
Animal - Animaux	26
Astral - fiction	28
Athée - Atlantide	31
Atome	32
Aura	33
Autre dimension	35
Avatar	36
Beau - Beauté	37
Bénédiction - Bénie	38
Blesser - Blessure	38
Bleu	39
Bonheur	40
Bon - Bonté	41
But	42
Certitude	43
Caveau	44
Chacun	46
Chant - Chanter	47
Chemin	48
Choisir - Choix	49
Ciel	50
Civilisation	51
Communication - Communiquer	52
Compréhension - Comprendre	55
Confiance - Confiant	56
Connaître - Connaissance	58

Conscience 60
Coquille - Encoquiller 63
Corps physique 64
Côté 69
Couleurs 70
Création 71
Croire 72
Défaut - Demander 73
Désespérer - Désespoir 74
Désir 75
Destin - Destinée 76
Diable 77
Dieu - Divin 78
Discernement 82
Don - Donner 84
Doute 86
Ecole 87
Ecrire 88
Elémentaux 90
Emerveillement - Emerveiller 91
Energie 93
Enfant 94
Enfer 96
Enseignement - Enseigner 97
Epines - Epoque 99
Epreuve 100
Espace 102
Espérance 103
Esprit 104
Essentiel 105
Eternité - Etoile 106
Etre humain - Etre vivant 107
Evoluer - Evolution 109
Extraterrestres 112
Fardeau 113
Flamme 114
Frontière 115
Grâce 116
Graine 117
Guerre 118
Guide - Guider 120
Habiller - Habat 121
Haine 122
Harmonie 123
Hasard 124
Haut 125

Homme - Homme nouveau 126
Horizon 128
Hugo Victor 129
Humanité 131
Illusion - Illusoire 133
Immortalité - Immortel 135
Incarnation - incarner 136
Indifférence 137
Infini 138
Invisible 139
Jésus 140
Jeu 142
Joie - Joyeux 143
Juger - Juste - Justice 146
Karma 147
Lampe - Liberté - Libre 148
Lire - Livre 150
Loi 152
Lumière 153
Main 158
Maître 159
Mal 160
Marie 162
Matière 163
Méchant - Méchanceté 164
Médium 165
Meilleur 166
Merveille - Merveilleux 167
Miracle - Mission 168
Monde spirituel - Monde matériel 171
Mort 179
Mot 182
Mouvement 184
Mur 185
Mutation 186
Naissance - Naître 188
New age (Ere nouvelle) 189
Nourriture 195
Nuit 197
Obstacle 199
Oiseau 201
Ombre 202
Onde 203
Paix 205
Paradis 206
Pardon - Pardonner 207

Parler - Parole 207
Partir 209
Passé 210
Patience - Patient 211
Pensée 212
Peur 214
Philosophe - Philosophie 218
Pièce 218
Piège 219
Place - Plante 220
Pleur - Pleurer 222
Porte 223
Posséder - Possession 224
Possible 225
Présence - Présent - Près 225
Présent (temps) 227
Prière 228
Prison - Prisonnier 230
Prophète - Prophétie 231
Pureté - Purgatoire 233
Question - Questionner 234
Raison - Raisonner 235
Réalité - Réel 236
Recevoir 237
Reflet - Regard - Regarder 238
Réincarnation - Réincarner 240
Religion 243
Réjouir - Rencontre - Rencontrer 244
Repos - Reposer 246
Responsabilité 247
Rêve - Rêver 248
Révolution 250
Riche - Richesses 251
Rose 252
Sacré 254
Sage - Sagesse 256
Savant - Science 257
Sectarisme - Sectaire 259
Semence - Semer 260
Sens 262
Séparation - Séparer 264
Signe 265
Silence - Simple - Simplicité 266
Soleil 267
Seul - Solitude 268
Sommeil 269

Souffrance - Souffrir 271
Source 274
Spiritualité - Spirituel 275
Temps 276
Tendresse 278
Terre 279
Tiède - Tombe - Tombeaux 282
Tout 283
Transfiguration - Transfiguré 285
Transmettre 287
Travail - Travaille 288
Unité 291
Univers 295
Utile 296
Vérité - Vrai 297
Vibration - Vibratoire - Vibrer 299
Vie - Vivant - Vivre 301
Vision 306
Volonté - Vouloir 307
Voie 308
Voix 309
Voyage - Voyager 310

ACHEVÉ D'IMPRIMER
SUR LES PRESSES DE
L'IMPRIMERIE SZIKRA
90200 GIROMAGNY
1er TRIMESTRE 1992